知育書

DIDIER PLEUX

LES 10 COMMANDEMENTS DU BON SENS ÉDUCATIF

良好家教十诫

[法] 迪迪埃·普勒 著　　张之简 译

生活·讀書·新知 三联书店　生活書店出版有限公司

知書育

图书在版编目（CIP）数据

良好家教十诫 /［法］迪迪埃 · 普勒 著；张之简 译. — 北京：生活书店出版有限公司，2016.12（2017.7重印）（2019.8重印）(2021.3重印)

ISBN 978-7-80768-168-7

Ⅰ. ①良… Ⅱ. ①迪… ②张… Ⅲ. ①家庭教育 Ⅳ. ①G78

中国版本图书馆 CIP 数据核字 (2016) 第 228751 号

策　　划　李　娟
责任编辑　李　娟　叶敏娟
封面设计　视觉共振设计工作室
版式设计　申亚文化
责任印制　常宁强
出版发行　**生活書店出版有限公司**
　　　　　（北京市东城区美术馆东街22号）
图　　字　01-2016-2770
邮　　编　100010
经　　销　新华书店
印　　刷　万卷书坊印刷（天津）有限公司
版　　次　2016年12月北京第1版
　　　　　2021年3月北京第4次印刷
开　　本　787毫米 × 1092毫米　1/32　印张 5.75
字　　数　55千字
印　　数　18,001-21,000册
定　　价　35.00元
（印装查询：010-64052612；邮购查询：010-84010542）

写 给 愿 与 孩 子 共 同 成 长 的 父 母

教育，让我们这些做父母的感到惶恐。我们的孩子渐渐对生活充满渴望，这可真不赖！但是我们很难去遏止他们的某些欲望和需求！我经常听到那些惊慌失措的父母说，他们不知道该拿孩子怎么办才好。你在本书中将读到，父母们对教育的想法、期待和要求往往是脱离实际的，并且会引发深切焦虑和愤怒情绪。我们为人父母者承受着各种压力，有来自社会方面的，有言之凿凿的“儿童心理学”造成的，也有儿童自身产生的。因此，我们的教育过程充斥着所谓的“应该怎么做”“要怎么做”，正是这些情绪的滋扰让我们面对教育时无法处之泰然。当负面情绪占据上风时，我们便失去理智。当面临某些特定局面需要做出明确回应时，负面情绪会阻碍教育准则的确立。父母的紧张更加剧了教育的困难程度。

很不幸，我接诊过的众多儿童证实了我多年前提出的假说：这些儿童所患的功能障碍，十之八九源于教育缺失，而非情感缺失。20世纪的办法很简单：儿童受到所有他所需的照顾，便顺利地长大了。没必要关心儿童的独特性，没必要给他自信，没必要对他表现关爱从而让他更加坚强，没必要对他表达爱意从而帮他树立自尊。那时，很多孩子所接受的教育过于严厉，父母们极少流露真情。刻薄一点儿说，有些孩子遭受了太多挫折，而得到的爱太少了。“这是为你好”，这句人人皆知的话把良好教养的教条强加在孩子身上，却往往不能考虑到孩子的独特性：人们常常为孩子考虑，却不一定真正尊重他们。幸运的是，后来的父母们懂得去“爱”孩子了，但是在过度消费化和“个人至上”的社会环境下，有的父母忘记了把现实的“挫折”教给孩子。当父母之爱把挫折教育抛于脑后，便造成一种与情感缺失同样有害的教育缺失。很多儿童不缺爱，缺的是应对生活中不测风云的武器。

为什么我们总是止步不前呢?

阅读最新的教育学著作时，我感到很不安：其中既有合理的见解，也有让父母愈加无所适从的心理学论调。同样，在电视和电台节目中，我听到回归合理的父母权威的建议，但是其中援引的“心理学”理论却往往反而使这些建议令人费解！我们仿佛回到多尔托[1]的黄金时代：在法国，教育仍然极为重视精神分析学的正统性，既重“具体分析”，又掺杂有关俄狄浦斯的晦涩解释，充斥着对立性冲突，追求儿童行为表象之下的隐藏“意义”……

儿童精神病学的自负同样让我感到担忧。有的孩子被草率诊断为“智商超群”，有的孩子被诊断为“过于亢奋”，还有那些少不了用药的病理学名词：“双相障碍”“早发性精神分裂症”……我不否认儿童中存在精神性障碍，但是那种滥用药物的做法把一些家长吓坏了——他们可能为日常生活中的烦恼找到了一个新答案：我的孩子生病了！

教育缺失理论不是唯一的答案，但它应该被优先考虑，然

1 指法国儿童心理分析学家弗朗索瓦丝·多尔托（Françoise Dolto，1908~1988）。——译者注

后再去诊断儿童可能存在的心理障碍。我在本书里汇集了家长就诊中提出的各种问题，就是为了这个目的。

绝不能把儿童视为潜在的恶魔，且试图对之进行矫正！儿童非善非恶，他“正处于”变化中，如果教育环境中只有爱而没有挫折，就和过去的只有挫折而没有爱一样有害。

我们要回归有爱的合理教育：不要把一切理智化，要体贴而实际地回应孩子的态度。合乎情理，就是重新关注儿童，关注他的感受和真实境遇；就是面对儿童注定不成熟的行为而回归理性。

走向更加理性，同样也是清醒认识我们自己的情绪。

在每一章的结尾，我都重新提及思维、情绪和教育态度之间的联系。希望本书能够帮助你清楚地认识到，我们的紧张是自己造成的，它源于某些需要质疑的信条。因此，我们要训练自己的思维，使自己在面对孩子有时紊乱的行为时，能够摆脱常常让我们无力应对的情绪。

1 不要胡乱分析心理

2 要控制自己的情绪

3 不要把自己的一套搬到孩子身上

7 不要过度保护孩子

8 要“对抗”孩子

1

不要胡乱分析心理

人的行为总是有意义的吗？

在表象之下，一切行为都存在其他意味，这种假设毫无疑问地推动了心理学的发展。在示人的表象之下，尤其是在儿童身上，隐藏着未知的、无从表达的、意识不到的痛苦。我们都曾从书上或别人口中得知，孩子难以入睡，说明他可能有难以言说的苦楚：在学校里与他人相处不好、日常生活中的隐痛或是过去的创伤。有时候确实如此，但是我依然反对刻板地首先考虑“追寻意义”，因为那样往往导致忽视、过度解读甚至无视实际情况的结果。不必否认某种态度、行为或者情绪甚至生理反应可能存在双重解读，代表某种需要破译的不适：这种情况是存在的，而且需要心理学家介入。然而，相信在儿童的一切行为背后都存在“隐藏意义”，这种看法会玷污全部的“合理”教育活动。

我作为临床治疗心理学家从业已逾三十年，目睹众多父母碰到孩子的教育难题时前来寻找所谓隐藏意义或心理学原因。我还看到很多父母受到杂志和电视台、电台“专家”节目的影响，变成神神道道的半吊子心理治疗师。我无数次听到有些父亲用“俄狄浦斯情结”来解释女儿为何发火，有些母亲信誓旦旦地对我说，孩子之所以不想上学，是出于不可抗拒的“青春期危机”。这种种理论都可能是有效验的，也可能是很有问题的。心理学是一种“软性”学问，并非科学，因此必须对一切心理学崇拜的教条式先验论存疑。质疑我的“合理教育”理论当然也是恰当的：这一教育理念也不能排斥任何心理学和生理学理论。

首先，我建议你别再拿肤浅的心理学知识解释孩子的心理，我们应当回归更具实际意义的教育方法，哪怕孩子的行为更难以应付。下面请看几个案例……

“他尿裤子！”

我儿子今年3岁半，进了幼儿园。之前他从来没有过大小便失禁的情况。但是三天前老师告诉我，当他要求去厕所时，已经太迟了，小裤子已经湿了。我们曾告诉孩子们，明年夏天我们要搬家。他们的爸爸现在就要去新地方工作。这两件事之间有没有联系？

这个妈妈担心，儿子尿裤子表现了内心对将要搬家的不安。任何变化都可能让儿童惊慌失措，有些心理学说法夸大了这种论调。当然，面临搬家可能让儿童变得脆弱，但是这并不一定导致强烈的不安以及相伴而生的诸多病理表现……

任何变化都会依照孩子的“遭际”或者“性格”来施加影响。孩子如果感到焦虑，可能他在担心生活发生巨变。当爸爸远赴外地工作，他可能担心爸爸抛弃家庭……因此，碰到跟孩子有关的家庭大事（搬家、父母离异、家人去世等），要及时告诉孩子或者向他做出解释。然而，孩子在学校尿裤子这件事跟内心隐约担心家人即将离开之间，可能毫无关系。很可能是学校的新环境使他焦虑，这一点首先需要认真对待：他在学校过得怎么样？他害怕吗？别的孩子欺负他吗？他是不是因为害羞而不敢告诉老师要去厕所？

我一贯提倡这条“黄金法则”：在试图赋予儿童行为某一意义之前，请认真考虑他日常的实际生活。实际境况，只有实际境况。

我们都曾从书上读到，或者听别人说过，儿童不会控制大小便代表着隐蔽性的问题，甚至有时候会被认为这种情况是由“母子关系”造成的。在本案例中，我建议孩子的母亲留意孩子所处的环境，而不是无端地把尿裤子看成是亲人离别引发的焦虑心理。应该全面而如实地看待儿童的真实情况，在这个例子当中，可能是即将搬家对孩子心理造成重大影响，也可能是孩子对将与父亲分离产生不安，但首要因素是他在学校的“遭际”。

“孩子夜惊！”

6岁的孩子夜惊，该拿他怎么办？今年夏天以来，他每个晚上都这样，现在更是连觉都不敢睡了。但是他的生活并没有什么大的变故。今年9月他上了小学，在学校里一切正常。发生夜惊的第二天，他什么都记不起来。这样正常吗？是不是暂时现象？

这位妈妈担心孩子夜惊的背后存在更严重的问题……

通常，小儿夜惊是由噩梦或“引发过激情绪”的事件导致的。除了“创伤性”事故外，某些电子游戏、电影也可能惊扰儿童。首先要检查这个6岁儿童是否遭遇了事故，或者是否看过某些让他害怕的东西。哪怕学校里面一切正常，也要打个问号！有时候孩子不敢把“坏”孩子欺负他的事情说出来。如果上述情况都排除了，那他可能天生易焦虑，害怕入睡，这样就应该安慰他，在他入睡前跟他说话，或者在他的房间里暂时留一盏小灯。但是要注意适度，不要花太多时间安抚他，以免拖延入睡时间。那样有可能使入睡成为必须克服的困难和没完没了的较劲。

小朋友往往会被告知，入睡是一段难受的经历。精神分析学家通常建议要认真对待睡前和“令人不安”的夜晚之间的“痛苦阶段”。因此，很多家长都对这一时段满怀担忧，用尽浑身解数企图减轻夜间焦虑。这种想法源于以下认识：儿童无法轻易离开他所爱的人。有时候确实如此，但大多数时候并非这样，有很多儿童很容易入睡，他们不需要父母长时间的陪伴，没完没了讲故事或者温存个不停。当然这并不意味着让孩子独自一人入睡。一天繁忙的工作之后，很多父母也想补偿孩子时间，因此在哄孩子入睡时父母很难硬下心来，这样反而不知不觉间忽视了实际上对孩子及其睡眠更好的做法。有的父母担心这一“过渡”时段。这时需要理智地想一想：无论大人还是小孩，睡一觉都会让他身心舒畅。儿童入睡困难，不应该仅用“焦虑”假说来解释。

父母应该运用更能安慰孩子心灵的哄睡方法：简单的话语——这时候不能长篇大论。温柔地抚摸、亲吻，偶尔讲讲睡前小故事，但这不能成为“惯例”，父母也需要有自己的时间。

“她无法无天！”

这几个月来，我6岁的女儿简直无法无天。人人都觉得她是个小恶魔，她现在进了一家教育治疗中心。上个星期，我冲心理医生发了一通火，因为她拿不出任何能改变现状的具体方案。她告诉我：“我觉得您身上存在一些问题……您在找工作，碰到一些生活上的困难……您应该跟我谈谈。”我站起来对她说：“我绝对不同意别人指责我，说我造成了女儿的行为问题。”请您帮帮我！

很显然，教育治疗中心专业医师的武断解释只会让这位妈妈产生负罪感，破坏关系而不是增进合作。很不幸，母亲造成恶劣影响，这种说法仍然屡见不鲜。

虽然儿童有时的确会因为父母的困难而表现出一定的行

为障碍，但是这位妈妈仍然有理由对女儿的医生发火。在为儿童的出格行为寻找“意义”之前，最好运用教育常识来帮助这位妈妈。对父母进行一定的培训，有助于其在家里确立规矩，恢复他们的权威。很多“心理专家”混淆了“发泄”行为与更深层的“压抑”问题。

通常来说，与母亲关系恶劣的这种论断源于某种充满倾向性的一知半解的儿童心理学，目前还有很多儿童心理从业人员仍然秉持这种观念。父母们要明白，这些主张母子关系具有首要性影响的假说都是对精神分析教条的盲从。此类论断均主张儿童的潜在创伤具有决定性影响，完全不考虑其他任何因素，无论是生理、经济、政治还是社会文化；并且它否认教育的作用、兄弟姊妹之间的关系、跟其他儿童之间的关系、父亲的影响以及其他生活经验。

“他尿床”

我儿子有5岁了。2岁开始他白天就能控制撒尿，3岁起午睡不再尿床，然而晚上总是不由自主地尿床。他4个月大的时候，我们就不给他用尿布了，但是我们每天晚上不得不起床给他换床单。他喝水很多，我们想法子限制他晚上喝水。他睡觉很沉，尿床后很难被弄醒。我该怎么办？

我在本章一开始就指出，当我们无法解决孩子的问题时，我们绝不能讳疾忌医。

这位妈妈表现得很“理智”，已经试过不少办法。她还特意让孩子在睡觉前减少饮水量。还可以试试其他办法：有必要仔细观察，而且一定要从实际出发，比如说，孩子是否接受在日常生活中的成长。有时候，遗尿症状表示拒绝独立自主和长大成人。这个5岁的孩子是否还受到“过度保护”？他可能面临成长的困难，他的生活环境是怎样的？如果目睹父母之间不和，孩子可能会表现出一定的“退化”。跟兄弟姊妹和他人的关系出现问题也会导致同样的结果。而且一定要关注学校里的情况：学校里发生了什么？是不是出现了什么问题？如果没有发现异常情况，那么我们就得求医问诊了。

求助于接受过行为和认知疗法培训的儿童精神病医生或心理专家，他们会帮助儿童停止日趋习惯化的行为。

“压力”之下的反应

孩子……	你认为……	你感到……	你的做法……
争吵或受到小惩罚后哭泣	真糟糕，让人沮丧	焦虑，有负罪感	安慰孩子，推迟惩罚
挑食	他没胃口，想表达某种想法	担忧，焦虑	让孩子“点菜”
发怒	发怒代表内心不舒服	焦虑	让步，安慰孩子
总是不停地要玩耍	他很快会感到无聊，要鼓励他	有负罪感	变成旅游组织者

我们怎么“想”，就导致有怎样的“感觉”。

父母常常了解到，孩子最细微的情绪也会“传达”出父母无法感受的情感，至少不是父母能够“存心”感受到的。这种看法有时候是正确的，但并非放之四海而皆准。如果认同这一理论，就会试图以此解释孩子的每一种情绪：我的孩子感觉到这样，是因为他受着那样的痛苦。一旦陷入“解释一切”的牢笼，我们就会失去理性。

尽管如下做法也不应成为普世的教条，但还是应该牢记，当现实不合孩子心意时，他往往会产生负面情绪：他的不安、愤怒情绪所表达的基本上是对挫折难以接受的感受。父母应对孩子进行这样的教育：帮助他控制自己不愿接受的日常挫折情绪。

理智的做法

孩子……	你认为……	你感到……	你的做法……
争吵或受到小惩罚后哭泣	他很“受挫”，流泪说明他不高兴	略有愧疚	不会改变决定
挑食	以前没吃过的东西，他不喜欢“尝鲜”	有点儿生气	坚持认为孩子不能不尝一尝就拒绝这种食品
发怒	愤怒往往表示无法接受挫折	对孩子的任性有点儿生气	不会对孩子的发怒让步
总是不停地要玩耍	孩子总是没法满足	对孩子的嬉戏无度感到失望	注意不能太惯着孩子

如果父母能够通情达理，那么他们看待问题的方式也会不同。当孩子面对困难反应过激时，我们要想一想：他会怎样担心现实的束缚？他需要如何面对生活中的不测风云，我们应该怎么教他？如果他继续拒绝接受“挫折”，我们能否认为他只是任性而已，不在他的这种态度面前让步？如果我们反而认为“儿童的一切行为都是一种表达方式”，我们就不敢实事求是地做出反应了。我们会陷入无休止的谈话，像个“心理专家”似的对孩子说一番完全不切实际的道理。

对实际状况的不同认识，决定我们能否理智行事！

2

要控制自己的情绪

怎样摆脱焦虑和愤怒？

当前，工作压力获得普遍承认，“父母压力”却远非如此。教育子女并不是一种职业，对子女的培养也由不得“道法自然”，父母的信心、呵护和爱会促进子女和谐成长。实际上，日常教育成为压力的源泉，这是由于我们对实际情况的反应往往受到人际关系的牵绊和自身情绪的影响。我们都要面对孩子这样那样的态度，担心处理不好，这就是一种焦虑，有时候我们面对孩子的某些行为反应过度，很容易发火。

根据认知理论，我们在某种情势下的想法或内心呼声会加剧自身的情绪反应。明白这种“机械性思维”和内心独白，我们就能懂得要更好地思考和衡量问题。这里有一个例子：父母权威又时兴起来了。我并不是抱怨那些经常鼓吹相反做法（否认父母权威）的人这次“回归理性”了！相反，经过多年对过度沟通和所谓“与儿童平起平坐”的态度的鼓吹之后，在有关儿童教育的观点中出现急剧的转折——从支持“平等”一下子转向“重新主张父母权威”，父母们尤其是母亲们极为不安。针对“如何成为坚定而能够拒绝孩子的父母”这样的疑问，出现很多引发负面情绪的想法。父母们还听到或看到很多有关教育问题的主张。这些建议或者“就应该这样做”的教导，造成对儿童成长十分狭隘的理解，显得颇为独断专行，对希望做好父母并想好好取经的人造成很大压力。

在这些观点当中，有的理论主张一切取决于6岁之前甚至更早。你如果对此深信不疑，极可能始终处于高度警惕当中，不停地担心孩子由于现在的生活而在将来出现某种神经官能症。你很可能对于施展权威同样感到紧张，因为过去你依照前文所述的那些所谓心理学指导，为孩子提供最大程度的保护、鼓励和乐趣，让他能够茁壮成长，从而放弃了父母的权威。这种儿童成长的决定论观点值得商榷，我们可以有不同的看法。哪本书写了幼儿时期能决定一切？谁说早期创伤会永久性地毁掉儿童的发展潜力？谁敢断定幼儿时期父母权威的缺失会导致后来尤其是青春期无法弥补的损害？这些观点来自“经典”心理学，我们可以相信它们，但不能陷入机械性思维。

现实往往表明：儿童能够承受复杂的矛盾，懂得如何适应现实，磨难让他变得“能屈能伸”，在现实的法则下日趋坚强。如果我们把儿童早年间经历的事件当作他未来发病的根源，为人父母难免变成噩梦一场。孩子离开父母感到害怕，是否表示他担心被抛弃？他伤心的时候是否预示真正的抑郁？他总是要做这个做那个是不是多动症的表现？就这样，我们在不知不觉中成为焦虑的父母，“保护我们的孩子”被非理性的“希望现实永远眷顾孩子”所取代。毫无疑问，我们可以做得更好。

妈妈们，不要再心怀愧疚！

身为一名母亲，如果你读过关于儿童教育的杂志专栏或看过电视专题节目，你可能得知自己是孩子很多问题的“那个”原因。记者们传达那些所谓著名心理学专家的观点：承担孩子教育责任的只有母亲。弗朗索瓦丝·多尔托认为，女性尤其应该受到指责，因为孩子仅仅存在于“母子”关系之中，他可能因为母亲的原因而产生自闭症和精神分裂症。威尼科特（Winnicott）认为，妈妈要“足够贤良”。阿尔多·纳乌里（Aldo Naouri）声称，母亲们要进行“挫折感”教育，应该设定限制，不能满足孩子的所有要求。阿尔多·纳乌里在2009年指出：“母亲应该让孩子感到挫折，这是她的唯一职责。”这些理论把母亲置于教育责任的核心，让她们承担“良好教养”的重任及其后果，并使之身受教育成功或失败的煎熬。

让我们换一种思考方法，正视眼前的现实。当孩子流露出不受管束的倾向，功课跟不上或者宣泄情绪日益严重时，是谁看到这一切而跑来咨询专家的？是母亲！母亲们试图在没有父亲帮忙的情况下独自教育孩子。不，母亲不应该独自承担一切，家庭教育是两个人的事情，父亲应该站在孩子前面提出要求，令行禁止，三令五申，不能在一切顺利时袖手旁观，不能在遇到困难时大叫大嚷。在日常生活中，教育是两个人的事，为什么母亲就应该洗衣做饭，关注学校情况，打理孩子的卫生，带孩子玩要？

事实上，生育子女通常让母亲产生“做不好”的焦虑，没必要把教育的主要责任交给她来进一步刺激她，因为这是父母两人的事情。有时候，最好把那些所谓无意识的禁与欲的荒诞故事抛到一边。纳乌里声称：“如果父亲们失去权威，那是因为他们没有做男人的感觉……”母亲们必须再度展现似水柔情，让父亲们找回男子气概？现实生活或许更加平淡乏味，有必要质疑某些心理学家的期望、信仰和要求，换种方式思考教育问题：两个人共同爱孩子，共同让孩子接受“挫折”，把“我要做完美的母亲”这种无意识想法替换为“我丈夫在教育孩子方面帮了我什么”。理智地思考现实，可以让你不再单打独斗，更好地应对现实，因为你不再情绪化地看待它。认定母亲要对当下和今后的所有不幸独自担责，只会增加她的焦虑（“怎样才能避免这一切？”）、失落（“我什么都做不好！”）、易怒（“我当时应该那样做！”）等情绪。

闹情绪是教育不好孩子的

即使一切顺利，父母共同承担教育责任，双方分担家务劳动，我们还是会不断产生负面情绪，这是很正常的。抚育孩子成长一点儿也不轻松，它常常刺激我们的焦虑和易怒反应。焦虑是一种由功能性障碍引发的负面情绪，令我们陷入恐慌、愧疚乃至自我封闭的恶性循环。总而言之，焦虑情绪纠缠不休，让我们因为恐惧而无法管教孩子。紧张不同于焦虑，紧张是一种功能性负面情绪，有助于我们提高注意力，有助于我们为孩子提供保护，在现实的危险面前为他们保驾护航。

愤怒无助于为你提供良好建议。当我们教育孩子时，愤怒显然是最激烈和最常见的一种情绪。它让人做事冲动，把情绪压力一扫而空，但是毫无建设性。愤怒往往是过激反应，破坏家长和孩子的关系。然而，理智和恰当的愤怒，可以让我们加强谈话语气，树立一定权威，反而让孩子有安全感，不理智和过激的愤怒会让孩子感到恐惧，使反不利于权威的树立。如何更好地理解和控制焦虑、愤怒这两种不良情绪，我推荐阅读我的前作[1]。

1 《父母教育手册》(*Manuel d'éducation à l'usage des parents*)、《幸福孩子》(*Unenfant heureux*)、《表达可控的愤怒》(*Exprimer sa colère sans perdre le contvôle*)，巴黎：Odile Jacob 出版社。

愤怒！

7岁的女儿是我的“跟屁虫”。她两个姐妹都很独立，但她从来不能离开我独自玩耍。晚上她要睡在我身边。如果我不管她，她就会发脾气在地上爬。这真让我受不了，让我筋疲力尽。我不知道应该好好打她一顿，还是对她视而不见。请帮帮我！

毫无疑问，这位火冒三丈的妈妈想打女儿一顿屁股，消消自己的火。父母的怒气常常引起冲动的行为，甚至对孩子施加暴力；在我们的文化中，打孩子屁股仍屡见不鲜。即使不谈触犯法律的问题（法律保护孩子免遭暴力），我们也应该谴责这种暴力宣泄，父母发泄愤怒最终得不到任何好的效果。

面对这种情况，绝不能打一顿了事，否则你会陷入“针锋相对”的恶性循环。如此一来，你将强化孩子心里“我是坏孩子”的想法。孩子可能会想：“既然他们对我不好，他们肯定不像爱两个姐妹那么爱我。”在这种情况下，小女孩肯定想知道她是不是和两个姐妹一样有价值。此外，这类行为需要作一番调查：两个姐妹是不是在家里更受宠爱？生活中是不是发生过什么事情？她在学校是不是适应？要跟孩子沟通：她有什么想法？为什么她像个长不大的宝宝？尤其是，你如果不打算满足她的要求，就绝不能再让她跟大人一起睡，绝不能再容忍她的小脾气。想到孩子可能存在的忧虑或者“不满”并且解决她的问题，这是值得赞扬的，但同时要拒绝孩子跟你一起睡，因为那样会让孩子的不成熟想法越来越严重。

在这位妈妈的担心背后，我感受到她要求女儿“要”像两个姐妹那样独立。我们做父母的经常发出一些根本不考虑孩子发展状况的“命令”。这些不容置疑的想法才是真正烧起我们怒火的干柴。丢掉“你必须”“你应该”之类的想法，对于回归理性思维是至关重要的。在这个案例中，如果这位妈妈认为没有任何办法让这个女儿像其他两个女儿那样独立自主，她需要好好想想究竟是什么事情让女儿这么依赖大人，并且从这些方面进行调查。

我的孩子无法集中精力

我11岁的儿子在写数学作业时碰到一些困难。我每天晚上都帮助他，启发他，但每次都是一样。他卡在那里，我气坏了，最后都要吵起来了。我放弃了，他的成绩越来越糟糕……妻子劝我什么都不要做，她说我对儿子越来越焦虑。但是我告诉她，我喜欢他的努力，他的努力让我自豪。

当孩子厌学时，有些父母通常会抓狂。

我常常劝告父母们，不要帮孩子完成家庭作业，只有当孩子需要某一具体问题的解释时，才去帮助他。往往帮助孩子过多的时候，父母的情绪会突然激化到极点，蹦出这样的话："他什么都不懂！""他故意的！"然后，父母就会连声地批评他，甚至威胁要惩罚他，从而导致事态恶化。如果你在气头上，你肯定会认为他应该很容易理解数学问题，应该眉头不皱地学下去。仿佛你只能察觉一件事——那就是你希望的事情。让他和你之间保持一定距离，努力重建你们的关系。问问他，碰到数学难题时需要你怎么帮他，不要把你的帮助常态化，特别是除了做作业之外你们还要一起做其他事情。

愤怒蒙蔽了我们的眼睛：我们要求孩子如何去做，却不明白这是行不通的。我的孩子能不能理解数学的逻辑？如果他做家庭作业时遇到重重困难，这是否表明这件困难的事情令他感到沮丧，而且需要努力集中精力？家长要想到上面这些问题，弄清楚“我的孩子究竟是怎么回事”，而不是命令他该怎么做、不该怎么做。父母的专横往往来自生硬的命令，这些命令会损害更具灵活性的权威，即父母既懂得如何要求孩子，又能兼顾孩子的特点。

在本例中，如果孩子具有一种焦虑性格，父亲可能会强化孩子的自卑感，即使父亲本来想激励孩子。这位家长全然不去尝试查找数学成绩糟糕的原因，我猜他的想法是这样的：“他要给我追上来！”我们还猜得到这位父亲的另一个想法：“成功是大量努力得来的！”努力仿佛百试百灵，但其实不是最根本的；恰恰相反，焦虑的学生学习时间更长，效率更低。遇到这种情况，这位父亲需要让儿子学会把精力集中在最重要的信息上，摆脱学习的不良情绪，提升效率。如果我听到这样的话：“到目前为止，你从来没让我们失望过！”这说明父亲强化了孩子只有好好学习才是“好孩子”的念头，孩子的价值与学业成功联系在一起。当然，社会压力要求我们关注孩子的学业成功，但是我们不能因此而忘记，父母与孩子的关系绝不仅限于督促孩子通过学业获得未来的成功。将来的学位不能成为碾压孩子天性的目标。期望孩子应该如何如何是有害的，因为如此一来我们绝对无法无条件地接受孩子。无论孩子是否学有所成，都要接受他，这是至关重要的，不管对于重建教育关系还是情感关系都是如此，因为我的孩子应该成为他自己。

“压力”之下的反应

孩子……	你认为……	你感到……	你的做法……
反对家里的一切禁令	孩子正处于“叛逆期”，不能逆着他	焦虑（我们的“专横”可能让他难受）	认为孩子发脾气没什么大不了，没告诉他这种行为会导致什么后果
逆反，抗拒，为所欲为	孩子不能嘲笑我们，要尊敬我们	生气	大声呵斥，威胁要“打屁股”
沉默寡言	发生了一些事情，让孩子情绪不佳	焦虑	坚持让孩子坦白
不愿跟别的孩子一起玩	他很脆弱，害怕其他孩子	焦虑	不让他去小孩多的地方

面对孩子在生活中出现的这样那样的情况，按照我们自己的想法、信条和解释来应对，我们再次感受到过激情绪。如果我们的情绪过于强烈（焦虑而不仅仅是担心，愤怒而不是轻微的不快），我们的反应就会非常离谱。如果他不爱说话，你将成为他的主要对话者，并强化他的畏缩行为，因为你不能时时刻刻陪着他。如果他不愿意跟别人一起玩，你将

会对他过度保护，避免他直面其他孩子，而不是跟他谈谈这个问题，教给他一些融入某个圈子的小技巧。相反，如果他表现出叛逆的态度，你可能以“愤怒”来回应，不能果断制止他的出格行为。

理智的做法

孩子……	你认为……	你感到……	你的做法……
反对家里的一切禁令	孩子不能接受父母的权威，不能接受挫折	难以容忍他的“屡教不改”	为他令人无法接受的行为而惩罚他
逆反，抗拒，为所欲为	孩子企图罔顾现实，随心所欲	对他的撒娇感到恼火	坚持自己的要求，不能让孩子掌握权力
沉默寡言	孩子性格内向，不善言谈	略感遗憾，希望他更爱表达，更加外向	教育孩子如何更好地表达自己，同时照顾他的节奏
不愿跟别的孩子一起玩	他总是过分敏感害羞，不是性格外向的孩子	有点儿担心他跟别人隔绝	给他一些小小的挑战，让他逐渐接受跟其他孩子交往

我们的目的，不是感受不到任何负面情绪，而是承受所谓的适当的负面情绪。当孩子的某一行为刺激到我们，

让我们感到气愤、失望，我们对这种愤怒会变得麻木，并做对孩子有害的离谱决定。在这种情况下，我们继续教训孩子，就不会找到好的解决办法。如果孩子的态度让我们感到一定程度的不安而不是极端焦虑，我们就能找到应对之道。这两种情况反映出，起决定作用的正是我们对孩子的行为如何解读。我们如何思考，就感受到何种情绪，进而决定采取何种行动。

3

不要把自己的一套搬到孩子身上

区分自己和孩子的人格

经典心理学反复强调：我们不断地把我们自己的愿望投射到子女身上。这并不是绝对真理，很多父母懂得分辨孩子的个性，以及区别自己在童年和成年时期的不满足。他们不想打造“另一个自己”，知道如何促使孩子与自己有所不同。然而，我们有时候会不自觉地倾向于在孩子身上复制我们自己或者我们希望成为的自己。因此，如果父母缺少学校或专业教育，就会期望孩子好好学习；如果父母儿时未能实现音乐梦想，就会期望孩子弹奏乐器。期望孩子做到父母未能做到的事情，或者期望孩子拥有父母未能拥有的能力，这都是人之常情。父母不是完美无缺的，“不要强加任何东西给孩子”，这一点父母不一定能完全做到。在这个问题上，要采取中庸态度：我们可以鼓励孩子，引导他去做我们认为非常重要的事情，但如果我们的愿望背离孩子的爱好和天性，我们就必须到此为止。换言之，如果孩子想往不同方向发展，我们不要把自己的期望强加给他：要求孩子减少运动，把时间多花在阅读《荷马史诗》上面，这样是无法取得良好效果的。

同样建议不要让孩子重演父母的童年。虽然不必完全弄清楚自己的性格是如何形成的，但是回想自己生活中的快乐和创伤，同时避免跟孩子当前的生活混淆在一起，是值得提倡的。父亲管得比较严的男孩，长大后可能成为从不跟孩子“发生龃龉”的父亲。如果孩子恰恰需要一名严厉的父亲，父亲的非强势性格，即拒绝扮演严父角色，可能是有害的。如果父亲酷爱运动，或许不能接受孩子完全没有运动天赋，但也可能反而希望孩子发展艺术爱好。如果母亲总是以自己的外向性格沾沾自喜，她会不由自主地过度鼓励孩子不顾一切地与别人交流，享受社交的乐趣。然而，如果孩子偏于内向，母亲就是不尊重孩子的个性了。还有一位妈妈把女儿局限于非常传统的家庭价值观之内，而女儿一心向往“男孩子那样”的职业。当然，看到儿女在自己梦想的领域里出类拔萃，父母因此感到骄傲，这是再正常不过的。

你明白了，危险在于完全复制一个“自我”，而不是培养一个拥有他自己的个性、自我、人格和渴望的孩子。现在让我们再次理智地思考：我们有理由爱一个跟我们相像、拥有共同价值观和人生准则的孩子，同时牢记，他们之所以独一无二，正是因为他们跟我们不像。

“他不能独立！”

我很担心8岁的儿子，他拒绝长大。他3岁进幼儿园，刚开始的时候简直让人不堪回首：我和他整整一年睡不好觉，担惊受怕。现在，他做作业的时候，如果我在身边陪着就一切顺利；如果我不在身边，他就告诉我说什么都不会做。我猜想，他是觉得我们不爱他了，所以他唯一能引起我们注意的方式就是顶撞我们，不听我们的话。在家的时候，他就像个小宝宝，跟着4岁的弟弟一起玩耍。他弟弟外向又独立，他却内向、害羞、缺乏自信，没有我们就什么都不会做。是我太惯着他了吗？

这位妈妈的怀疑很有道理，她责备自己对儿子过度保护，这个8岁的孩子似乎无法接受生活的现实。然而，自怨自艾不是解决办法，做理想的父母不是一件容易事，我们都是普通人，会犯错误，存在种种缺点。

谁不会略微“惯着”那个更胆小脆弱的孩子呢？这是一种自然的反应。从这个例子当中，你已经很好地理解了这种情况，现在需要实施一种教育策略。要逐渐鼓励孩子先独自做功课，孩子完成作业后再帮助他，而不是在做作业的过程中帮忙。不对他进行“过多的保护”，让他接触他企图逃避的情形，接受不是每次都成功的现实，乃至让他经历几次失败。你要记住，即使日常生活让他感到十分为难，也并不一定是情绪消沉，而可能是某种“对于挫折的无法忍受”，也就是拒绝接触生活中的小困难，这些困难需要特别努力地去克服，需要改变自己的行为方式去适应，需要想出新的办法去跟人沟通。孩子不想长大，因为这一新的现实让他不那么舒服。然而，为人父母正是要帮助他接受现实。

这些建议似乎显得多余，但是在教育孩子的时候，必须反复告诉孩子现实法则所导致的对他的成长颇有裨益的无法避免的挫折。然而，这位妈妈可能重演了她自己当年面对现实感到无比脆弱的情景。当我们对孩子的苦恼感同身受时，我们很难不去过度保护他。合理的做法是正确估量我们现在所拥有的、我们童年所经历的以及孩子的实际情况。这位妈妈也可能是小时候非常独立，因此认为必须在儿子身上激发这一独立性。但如果这个孩子确实更加敏感和脆弱，他就无法像其他兄弟姐妹那样轻松地融入现实。因此当孩子表现出畏难情绪时，我们应该这样问自己："我的童年有类似的情况吗？"回忆自己的快乐与苦恼，有助于区分我们的收获和缺失。我们可以有意识地这样做。

“朱利安要当音乐家吗？”

朱利安今年5岁，我和妻子决定送他去音乐学校学钢琴。他的两个姐姐就是在这个年纪去学钢琴的。他脾气有些暴躁，我们觉得音乐能缓和他激烈的性格。妻子和我都是搞音乐的，知道在遇到生活的困难时我们需要这个避风港。但是朱利安刚开始学习就极力抵触，我们该怎么办？坚持下去还是让他学其他的？

我们很好理解这位父亲的担心：他让朱利安追随两个姐姐的步伐走上音乐道路，是不是正确的选择呢？让我们来总结一下。

这一家的父母受到的教育十分重视音乐。两人都从中受益匪浅，因为音乐是绝佳的宣泄方式，有助于度过生活中的某些坎坷。这一学业似乎并没有让朱利安的两个姐姐感到压力，因此对她们而言是不错的决定。这位父亲确实有权利坚持让儿子弹钢琴，因为这是“家庭文化”。他需要注意的是不能以这种绝对化观念——“我们家的人要弹钢琴”去混淆一种更符合现实的愿望——“我们家的人要学钢琴，如果不适合学钢琴，就换一种乐器或职业”。在大人的愿望和孩子的愿望之间寻求平衡才是合理的，不要一开始就放弃对孩子的期望。如果把孩子的愿望奉为至尊，不给他提出一系列建议，就可能屈从于孩子朝三暮四的兴趣。决定孩子学业的不是他自己，孩子几乎不可能对学校的枯燥学习产生兴趣，除非他有个“超强大脑”。一方面要鼓励他发现新事物，为他打开新世界，另一方面要尊重他的本性。不尊重个性，就好比强迫体格弱的孩子从事体育运动，还深信只有这样才对他的身体有好处。

父母们，你们有权传递和教授你们心中的优良生活价值观。然而，考虑和理解孩子的反应才是符合实际的做法：他是不是特别抵触这种乐器？碰到这种情况要跟他讲明白，他以后可以选择学习别的东西。更普遍的情况是，他是否不愿意付出学习任何东西都需要的辛苦努力？如果是，那么不管让他学什么，都要有一点点坚持。但是，不要为已做出的选择而责备自己。我经常吃惊地听说，有的父母因为孩子心存怀疑就放弃对他的宗教教导，还有的父母以违反孩子初衷为由让他们放弃某种学业。我们家长正是要起到引导、传递、建议和教育作用的人。我们有权利这样做，我们也有犯错误的权利。因此，在放弃之前先等一等，事情会起变化的。我们的“教育菜单”应该协调平衡：把孩子的实际情况、他自身的优势和弱项与现实环境相协调。如果实现了这一平衡，传授现实法则就是合理的，只考虑大人的期望，就不合理了。

“只爱体育！”

我的女儿埃米莉7岁了，她只对体育感兴趣。她现在上小学二年级，从不违反校规，但是只有体育锻炼时她才真正开心。我是做老师的，我先生也是，我们有点儿弄不明白，我们到底该鼓励她好好学习，还是放任她发展体育爱好。

这位妈妈心里很明白，作为教师，她显然希望女儿接受更具知识性的教育，认为女儿对于体育的迷恋会干扰这一方向。

至于这对父母的疑惑，我看到学业的要求并没有给埃米莉造成麻烦。我已经大量介绍过儿童是否能容忍挫折的理论，对这个女孩来说，体育并不是耽于嬉戏，反而似乎是她的主要兴趣点。尽管不能忘记鼓励她投身于不那么热衷的学习——这正是我们教育子女的责任——但是同样建议不要以“不能把这个当饭吃”为借口来摧毁她的运动天赋……在这一点上要打破父母们信奉的某些教育观点：如果学业与孩子的能力不相称，最好弱化你自己的生活价值观，重视孩子的实际情况。有些父母容易忽视孩子的个性和天赋，不遗余力地督促孩子完成漫长的学业，其实有别于普通教育的短程教育（例如技术和职业教育）可能更容易让孩子成材。

在日益困难的经济形势下（指当时法国经济形势），我们试图给予孩子一切工具，保证他们拥有尽量稳定的未来，通常是通过刻苦地学习。在21世纪初，孩子有一定才能就可以高枕无忧，这样的想法是不理智的。现实不是这样的，过早放弃学业的人更能感受到生活的艰辛，因此不能只顾孩子的爱好而忘记无情的现实。然而我要为你提一点有用的建议，那就是永远不要无视孩子的兴趣点。出于对未来的焦虑，以及这样那样的期望，我们可能忘记孩子的本性。当提出“他将来能做什么”这个问题时，我常常惊愕地听到某个家长或孩子对我说：“我不知道！”绝对不能把孩子禁锢在某个特定的未来上，过度的激励也会把孩子变成“提线木偶”，让他弄不清自己到底喜欢技术还是学术，动手还是动脑，交际还是独处，创新还是求实，冒险还是稳定，合群还是独闯。

所谓的理智可以总结为这一疑问：“这个不完全像我的孩子到底是谁？”这样发问是振聋发聩的，然而它代表着对孩子的相异性的认可。如果孩子跟我们曾经的想象不一样，我们应该无条件地接受他现在的样子。

“压力”之下的反应

孩子……	你认为……	你感到……	你的做法……
讲话时脸红	他太脆弱，应该忍受别人的目光	焦虑	可能导致他逃避会引起“情绪激动”的场合
不爱上学	孩子缺乏勇气，随波逐流	愤怒	把精力集中在孩子的学业上面，不断惩罚他
个子矮小	孩子一辈子都将有心理阴影	焦虑	闭口不提这个问题，造成一种禁忌
“自私自利”	孩子的做法跟你慷慨无私的价值观格格不入	愤怒	惩罚孩子一切过于自我的行为（你可能变得专制蛮横）

“我不想看到我的孩子受委屈！”父母有这种想法很正常，但务必避免把孩子可能遇到的情况和你儿时的无法忍受的经历混为一谈。尤其要尽量避免夸大事实。如果认为某种缺陷或不协调将妨碍孩子一生，我们将不可避免地对他过度保护，从而忘记教给他如何运用自己的能力、接纳自己的缺陷来好好生活。若是只想到他的痛苦，我们会陷入焦虑而无法自拔，不知所措，不会教他如何去适应社会。若是他的缺陷让我们愤怒不已，我们将反应过度，批评和指责他，其实我们本该先去帮助他。

理智的做法

孩子……	你认为……	你感到……	你的做法……
讲话时脸红	内向孩子的感受不是我能体会的	对这种过于敏感的反应感到惊讶	接受他的情感，不夸大问题，在他提出请求的时候帮助他
不爱上学	不是每个孩子都爱动脑筋，有的孩子更喜欢动手，更有创造性	担心他的未来	关注他的兴趣点，同时不放松他的学业
个子矮小	他个头偏矮，但是很有才华	对他的矮小个头略感尴尬	决定不回避这个问题，小个子也可以才华出众，快乐生活
“自私自利”	孩子没有向家庭价值观看齐	对这种无法理解的态度感到失望	决定解决这个问题，让他变得慷慨起来

更好地考虑孩子的实际情况，首先要接纳他：接纳他性情和个性中的优点和缺点。做父母的我们要接受孩子跟我们不一样，孩子是独一无二的。如果他的某些缺陷让我们很难接受，或者觉得会给孩子造成困难，我们也别无选择，只能接受现实。无条件地接纳孩子，可以让我们抛弃“他应该”“他本该”等不理智的想法。想明白某些事情，我们才知道如何教育孩子。

4

要让孩子获得提升

教育孩子要居高临下

在前文当中我们提到，教育这门艺术的困难在于协调父母的合理期待和孩子的个性：一方面不能以自己的愿望来取代孩子的愿望，另一方面要懂得为孩子“建立愿景”。某些心理学理论往往难以容忍这种看法：大人的一切愿望都被怀疑会损害孩子的个性化进程。“父母不应该居高临下地对孩子”“家里不能有等级之分”，这种话我可没少听！

我记得，当我的《多尔托一代》（*Lénératicn Dolto*）出版时，我跟心理分析学家克洛德 · 阿尔莫斯（Claude Halmos）有过一场争论。我问她：“您的书里提到父母权威的必要性，但如果父母的权利和义务相等该怎么办呢？”（我认为阿尔莫斯比弗朗索瓦丝 · 多尔托有进步，因为多尔托强调的观点是：“父母对孩子没有权利，只有义务……”）她的回答是：“家里不能有等级！”

我们永远不能取得一致，我认为孩子不能拥有跟父母相等的权力，作为人生的小学徒，孩子只能承担更多义务。父母完全“高于”孩子，他们比孩子更认得清现实。这并不是说父母无所不能，蔑视他们“培养”的孩子。因为在教育孩子期间，父母的确是在提高孩子：“让他升得更高，长得更高”，“让他的道德和精神更进一步”……这些词典上的定义为我们指明道路：帮助孩子在身体和精神上成长。如果父母选择一种谨小慎微的平等态度或虚伪的家庭民主制，那就不能完成这一任务。不仅孩子没有像父母那样的权利，而且履行教育义务的父母能够向孩子教授、传递、建议和分享他们的人生价值观，无论是宗教、政治还是哲学价值观。“我们就是这样设想现实的！”只有通过不断询问孩子的想法，才能完成对现实的学习。正像艾丽斯·米勒（Alice Miller）所说的，父母的教育是“为孩子好”。现在不是从前那种灰暗时期，专制的父母想把孩子打造成宗教和国家所希望的样子。让我们重温柏拉图在《理想国》一书中的话：“若是父亲惯于放纵孩子……若是教师在学生面前颤抖，乐意奉承学生；若是年轻人蔑视法律，因为他们不承认任何高于他们的权威和人物，那么在他们美好的年轻时代便产生暴君的萌芽……”

我们了解孩子长大后更容易受到环境的伤害。过去最大的危险是现实碾压孩子的个性，贬低他的自我，击碎他的自尊，现在时代完全不同了。大多数儿童问题专家承认，目前的病理状况发生了变化，几乎与几十年前的被压垮的个性毫无关系。很多孩子往往表现出一种自我的过度膨胀，过分追求短暂的满足，“他人的感受”渐趋消失。儿童情感缺失引发的神经官能症代之以教育缺失导致的症状。

如果这一假设成立，父母应担负教育责任。我们应继承20世纪积极心理学的优秀传统（对儿童的保护、尊重、鼓励、倾听），重视孩子获取信息的需求（终结某些“秘密”，同时不能把一切都告诉孩子），尊重孩子的存在需求（他们的口味、感受以及某些原始“欲望”）。同时，不能回应他们的暂时性满足的要求，一旦这些要求得不到满足，孩子会对挫折变得更加无法忍受。21世纪的父母将成为孩子所欠缺的享乐原则和现实原则的协调者。

我们的孩子最需要什么？

绝对不是过度沟通，而是少说多做，真正适应现实。孩子在幼儿时期没有进入所谓的社交场，这是一件幸事，因为那里的沟通只是自我表达的迸发，跟其他人毫无关系。我想到那些孩子在幼年时期就跟所有人无话不谈的不切实际的说法。这绝不是要回到过去的准则：“孩子们，吃饭时请保持安静！”然而当小家伙儿只想听听父母过去的经历时，父母却屡屡把谈话变成一场真正的争论。总是不得不把一切表达出来，孩子因而失去了倾听的习惯。

孩子还需要学习忍耐人生坎坷，这并不是他们自然而然就具有的能力。这就是无法回避的“忍受挫折”，懂得如何接受令人失望的事情。他们还应该学习权衡短暂乐趣和更人性化的快乐——梦寐以求的、延迟的、人为造成的乐趣，也就是持久的快乐——之间的差异。他们需要明白，他们并不孤单，人如果本质上是社会性动物，那么就无法先验地感知“他人的感受”。

孩子只有在“认可”了他的教导者后，才能真正接受学习。如果家长言出必行，言行一致，并且表现出同情、亲切、公正，他就会成为“特别受爱戴的家长”。父母应该成为这样的家长，重新成为孩子的“导师”。应警惕“孩子正当反抗”这种诱人的说法，我们相信这样会损害家长的权威。

青春期危机？

我是一个单身妈妈，很早就离婚了。我的儿子罗曼今年16岁，让我非常担心。这学年一开始，他交了两个新朋友……高中的男生们对他产生了非常坏的影响。他跟他们一接触，就学会了抽烟——我在他的外套里发现了香烟盒。两星期前，巴黎一家大商场的保安部给我打电话说，我儿子从他们那里偷了唱片和电子游戏光盘。有一天傍晚他放学，我从他的口中闻到了酒气。到现在为止，罗曼学习还不错，但是我很担心他。他不想告诉我他的问题。我们之间进行谈话是不可能的，总是以他沉默告终。我是不是该去看看心理医生？

面对某些青少年的行为，我们束手无措。我很理解这位妈妈（父亲在哪里？离婚并不代表不管孩子），她怀疑沟通是不是中断了，是不是该去咨询“专业人士”。

在求助心理专家之前，你要知道现在的心理学可能给你套上一个一成不变的假设：你的儿子遇到“青春期危机”了，因为青少年受到不良朋友的影响、尝试毒品等都是非常常见的事情，它代表成长过程的一个阶段。事实上，父母的担忧很有道理，这是父母应该做的，否则就跟他们的教育职责不符。如果没人约束青少年，他们可能向任何方向发展，不管是犯罪还是吸毒成瘾。面对这种情况，我的建议是：如果孩子多年来跟母亲相依为命，他是否经历过必要的挫折，或者他是不是生长于过度保护的环境中？换言之，他是否以某种方式生活在“享乐原则”之下？如果这种假设成立，在单亲家庭中，家长——通常是母亲——应获得某个“特别受爱戴的家长”的支援和协助，这是很有裨益的，可以让孩子得到某种榜样或导师，对他施加更多影响，并且不同于他的朋友们，因为朋友不能扮演教育者的角色。

必须斥责一种信条它认为青春期就是苦闷和正当地反抗一切束缚的时期，是这样吗？不是！即使存在陷入危机的青少年，很多孩子大体上也都能平稳地度过青春期，并没有厌学、反对父母权威、放弃一切健康活动，更没有离经叛道或成为瘾君子。就我接受咨询的经验来说，我屡屡观察到，这些“陷入危机”的青少年身边没有懂得教育他们的成年人，也就是那些继续维护价值观的模范——他们坚决反对虚无主义人生观，有办法对付“不良朋友”。请重温我在前文中引用的柏拉图名言。

“他还太小！”

我的小托马只有3岁。我看过您的书，但是我觉得他还太小，不能用您说的方法来教育。幼儿时期快乐第一，不是吗？

父母们常常向我反映：能不能等孩子大点儿再进行教育？

教育和很多领域一样，要讲究适度，不能把3岁的孩子当成10岁的孩子来教育。但是有些教育体验应该很早就进行，以避免过于突然实施教育孩子难以接受。如果因为游戏“太难”，孩子便不去学着玩，而是直接放弃，那么日后上学他将没法做出学校所要求的努力；如果人们把他捧为“小皇帝”，他将出现社交困难，不会交朋友；如果他在生活中从未有过不如意，那么任何挫折都可能产生创伤性后果。现实要一步一个台阶地学习，不是一蹴而就的。从孩子很小的时候起，父母就要通过小睡来教育孩子不能无休止地玩耍，通过有规律地喂食来教育他不能随时吃东西，通过父母的暂时离开告诉他，他并不是“世界的中心”。

虽然快乐是幼儿最重要的事情，但是不能因此而忘记现实的原则和挫折。经常有些孩子告诉我，从托儿所升入幼儿园的时候，以及后来升入小学、高中，尤其是学业繁重的高三时，他们感到很痛苦。例如，14岁的亚历克斯告诉我:“为什么以前没有人告诉我，总是在平地上骑自行车，就会忘记如何在山上骑车！”有时候，真相是从孩子口中说出来的。

“她不想跟外祖母说话”

我不知道该怎么办。我5岁的女儿朱莉自从上次在外祖父母家度假后，她就开始怨恨我母亲。外祖母对朱莉很严厉，禁止她玩电子游戏，还让她做她不喜欢的家务小事，因此引起很多争吵。我试图告诉母亲，她要对我女儿有耐心，现在时代不同了！但是我们每次都大吵一顿，我想我可能因为女儿跟她闹翻。该怎么办呢？

小朱莉似乎把妈妈当成一个袒护者，实际上她和外祖母的关系很可能在逐渐恶化。

不要忘记提高教育效果的一条基本准则：注意维持大人之间的团结，小心一方比另一方更“严格”，更要小心因为立场分歧而闹翻。跟祖父母的关系也是如此。并不是要结成“反对儿童的统一战线”，而是寻求一种教育共识，避免落入孩子设置的陷阱：容忍他任性的是“好人”，板起脸来训人的是“坏人”。此外，从这个问题出发思考另一个重要问题是很有意义的：我们能否把“他人的感受”传递给孩子？朱莉能不能弄明白外祖母与父母不同，她可能严厉一些，也会因为外孙女的行为而难受。同情心——这种感知他人感受的能力是要学习的。祖父母也是“他人”，孩子需要学会尊重他们。不是用说教的方式去学习（“我们会以你为荣”），而是简单地告诉孩子，人们的趣味、生活方式、威信和期待是不同的。学习“他人的感受”对幼儿至关重要，可以避免他们成为以自我为中心的、“物化”成年人的“小皇帝”——为了自己高兴而利用别人。父母是活生生的人，也有自己的生活。父母不是“物品”，可以任意索取。如果幼年时没有人告诉过他，或者他自己没有经历过，那么我们的“小皇帝”长大后也会依然故我，把父母当成出租车司机、旅馆主人、餐厅老板、洗衣工人和银行家，而不是普普通通的人。

我常常听人说，内心阳光的孩子能够顺利地融入社会，仿佛这种能力来自一种天生的品质。他仅仅需要被爱和尊重，就能顺利地融入我所说的“自我—他人”关系当中。这是多么美好啊！我绝不认为所有的孩子都是强烈的自我中心主义者，然而我也不相信他们生来就是人道主义者。孩子是白纸一张。如果他不去学习或体验“他人的感受”，便有可能无法发展出这种能力。具有忧郁性格的人往往会过多考虑别人，孩子如果不具有这种性格，会倾向于仅凭自己的喜好来看待他人。“自我—他人”关系是教育习得当中不可分割的一部分，不仅要“动口”，还要借助各种分享活动（如集体游戏）、参与家务劳动或维系人际关系的活动（如给远方的亲人写信）等。

“压力”之下的反应

孩子……	你认为……	你感到……	你的做法……
什么都要，而且等不及	孩子还没长大，他应该变得讲道理	生气	不停地给他制造“榜样”，惩罚他，却不教给他怎样延迟“欲望”
不向别人问好	他是个以自我为中心的“小皇帝”	生气	夸大他的没有礼貌，却忽略这样做的“后果”
在困难的事情面前却步	他不会克服困难，这会让他吃苦头	焦虑	不阻止他放弃，不鼓励他坚持
吃饭时打断别人的话	他不应该这么没教养	生气	不由分说让他好好坐着

如果我们总是认为，孩子应该成熟、理智、顺从、安静地接受一切现实的限制，那么我们自己也变得不理性了。我们可能产生一些期待和要求，加剧自己的愤怒和焦虑情绪。这些过激情绪将再次引发不恰当的教育举措。当自食其果足以阻止负面行为时，我们却将成为道德说教者。我们将夸大孩子面临的现实，而不是教给他更好地去适应。我们非此即彼的想法将导致“你只需要怎么怎么做”“这样做很简单”等没有意义的话。

理智的做法

孩子……	你认为……	你感到……	你的做法……
什么都要，而且等不及	他像很多孩子一样“受不了挫折”	想到未来的教育困难，感到有些失望	决定慢慢教他“忍受挫折”，向他解释什么是“等待”
不向别人问好	他容易忘记别人的存在	对这种行为感到不快	向他重申“取悦别人”的重要性
在困难的事情面前却步	他缺少耐心，喜欢容易做的事情	有点儿担心他沉溺于嬉戏当中	帮助他战胜困难，鼓励他做出努力
吃饭时打断别人的话	他没有意识到自己并非“孤单一人”	对他的失礼感到尴尬	再次向他说明，必须听完别人讲话

接受自己的孩子，就是接受他不容易学会适应现实这一事实，也是接受他不一定认真听你讲话，不会一直说“谢谢你教我‘忍受挫折’，我知道这是为我好”。我们知道，孩子天性不喜欢制约、挫折、困难，说到底谁喜欢这些呢？父母自己有时难道不是也努力避免束缚吗？然而，如果我们认同孩子首先遵循“享乐原则”的观点，我们将会更好地思考冲突：“我的孩子还不会忍耐不符合他愿望的现实。这很正常，但是我作为教育者的职责正是教给他现实是什么以及怎样更好地适应现实。”

5

不要“吹捧”孩子

预防孩子的自我膨胀

“至少他进入社会后能够自我保护！”在接诊过程中，当我跟家长提到他们的孩子有点儿自我膨胀时，我多次听到这样的话。“要想成功，‘过’比‘不及’好！”毫无疑问，前提是我们能接受重新回到“丛林法则”。“他缺乏自信，请给他打打气！”这是我经常遇到的心理介入要求。还有一位家长，孩子碰到一点儿困难，他就跟我大谈孩子的“自我评价不足”。

的确，直到20世纪80年代，20世纪的几代人往往受到一种教育观念之害，这种观念认为，孩子应该顺从地“接受”一种绝不考虑其个性和个人价值的教育。面对这种客体化儿童，我不禁对按照某些著名心理学家的理论培养出的充满崇敬。在这个问题上，我要承认弗朗索瓦丝·多尔托的积极影响。然而，她的文章在当今这个超级个人主义和过度消费的社会显得过时了。21世纪的儿童很少有自我评价不足的情况，相反他们往往显现出实实在在的自我膨胀。由于备受期待甚至过度赞扬，小家伙们膨胀得像个气球一样。有些父母的全部生活就是为了孩子成材，他们不自觉地参与制造“小皇帝”：所有的实际生活都是为他提供他想要的，他身边的人都是为了他的快乐而存在的，任何事情都不能阻止他的欲望，因为他的所有欲望都是合情合理的。

心理专家的工作不再是给孩子信心，让孩子发现自己的能力、力量、才华，通常家庭已经做了这些事情。我们最关心的事是告诉“小皇帝”们，他们不能唯我独尊，不能随心所欲地发号施令，特别是要他们明白自己究竟是谁：他们当然是独特的存在，然而他们也存在于现实中、存在于人类社会中。这个真相他们经常看不到。从托儿所或幼儿园开始，他们就受到教育者的过高评价，现在的学校跟以前不同了（不仅家庭有责任，学校也难辞其咎），如今它们都向学生鼓吹一件让人无法理解的事情：“你是独一无二的，最漂亮、最优秀，你做的事情都让人赞叹！”过去那些说丧气话的大人都消失了，这值得庆幸，但是只会恭维的父母取代了他们的位置，孩子做一点点小事父母都不忘赞扬一番。然而当真正的现实出现在眼前，被“吹捧”的孩子便暴露出他们的脆弱和无助，发现他们的“自我”成为精神分析学家威尼科特所说的“假自我”：构建于虚假评估之上的虚假人格，因为这种评估当中不存在任何批评和负面评语。

自我评价是一把双刃剑：正的方面，孩子需要获得他人——首先是亲友——的承认和看重；反的方面，他的全部价值不能系于别人的看法，否则，一旦别人不再抱有积极看法，结果将是悲剧性的。应该用自我接受来取代自我评价：孩子的综合素质应该获得认可和强化，同时要承认真实的缺点，如果无法取得进步，就要尝试改变或接受。自我接受也包含无法避免的失败：孩子不可能做任何事都获得成功，现实并不是一个“讲道理”的世界，不一定能兑现每个人的能力。

我并不是要击碎孩子的梦想，毁掉他今后幸福生活的潜力和能力，过去的大人在这种事情上做得太多了，因为他们看不到孩子的幸福，也看不到自己的幸福。我要的仅仅是回归理性：“孩子，你是独一无二的，但是我们要陪伴你融入现实世界，确实世界可能让人泄气，让人感到自己没有价值。”

“我不聪明！”

我的女儿卡琳娜刚刚进入小学。她在幼儿园里一切都好，没有碰到困难。在家里，她还有两个小弟弟，总是带着他们玩，总是充满自信。我们还一直遵循从杂志上读到的建议：夸赞她，让她充满自信。如今仿佛一切都落空了！她从学校回来后，告诉我们她不“聪明”。我们鼓励她，但是没有用。我们有点儿不知道该怎么办……

我多次碰到这样的教育困境：父母费尽力气让孩子坚强起来，然而他们却看到孩子在现实面前变得脆弱。

儿童的行为通常是让人困惑的。我们期待着这样那样的结果，现实却给我们相反的！这对父母竭尽全力地鼓励小卡琳娜自信，这样做是正确的，但仅仅这样是不够的。请听我的解释：有时候我们做父母的意识不到，过度的正面鼓励会让孩子变得脆弱。我并不是希望父母“负面化”，或是从来不夸奖孩子，但是要注意：孩子如果极少听到促使他改进的意见和批评，如果做一点点事情都要受一番赞扬，一旦他离开家庭，进入不那么有利和缺少呵护的环境中，他将很快感到沮丧。因为，他可能无法理解遇到的事情：“事情怎么会这样？不像家里人告诉我的那么好！”卡琳娜混淆了“过度的赞扬”和“不怎么聪明”。她认为，学习不顺利是因为自己的问题。并不是这样的，道理很简单，她不知道每个孩子乃至每个人面对现实都有自己的长项和弱项。

很难解释，当孩子产生“被欺骗的感觉”时，他会有怎样的感受。如果他一向被赞扬，从未听到批评，尤其是如果他被过度夸奖，他会相信自己拥有其实并不具有的价值，他可能不知道该相信谁：是过去的迎合者，还是现在的忤逆者？是的，从小时候起，尤其是进入真正的学校之后，孩子可能感到无法满足人们对他的期望。他向来因为自己的一点点举动就得到肯定、赞许和奖赏（我们记得，在小时候做出一个拙劣的木偶就会得到全家人的拍手称赞，做出一件纸面具或小项链就会赢得一片赞叹……）。他不能明白，他做的事情不会总是让人开心，不一定总是符合别人的期待，不会总是让别人兴奋不已。这位妈妈应当重新着手培养女儿的自我接受能力：慢慢开导小卡琳娜，没有人是完美的，谁都有优点和缺点，从而让她渐渐对自己的真正价值产生信心。

“一个超智儿童？”

我是一位父亲，我的儿子泰奥今年5岁，上幼儿园大班。带他的老师告诉我们，别人让他做任何事情，他一点儿问题都没有，但是做完事情后常常感到厌烦。跟在家里有点儿像，这孩子喜欢跟大人讲话，喜欢不符合他年龄的娱乐活动，而不喜欢孩子的游戏。我们看过一些讲“超智儿童”的书。他已经能阅读了，我们担心他对小学感到厌倦。我们是不是应该对他进行智商测试？

越来越多的孩子对幼儿园和小学感到厌倦。泰奥父亲的请求是合情合理的，因为很多心理学家运用“超常智能”来解释儿童在学校里消极懈怠的现象。有些心理学理论指出，厌学现象揭示学校环境缺乏刺激，因为学校无法满足具有

“巨大潜力”的儿童的期待。

泰奥的父母提到的他的行为，确实与很多儿童心理专家所认为的“超智”儿童的行为表现相似。进行智商测试是可以的，但问题是对这样年幼的孩子来说是不是早了点儿。可以换一种方式来看待孩子的厌学情况。根据介绍，这个小男孩习惯跟大人一起做事，不太喜欢孩子的活动。需要注意的是，不能过分鼓励孩子。因为，我们大人可能无意间让孩子养成只愿意积极去做自己喜欢的事情的习惯。更为成熟的孩子希望待在大人的世界里，拒绝接受符合他们实际年龄的学业要求。他们还很难交到同龄的朋友。这就造成一个与普通儿童世界相疏离的孩子：一个儿童世界里的“小大人”。我的道理很简单：在诊断某种“超常智能”之前，先确定你的孩子在家里没有受到“过度鼓励”或“过度赞扬”。

或许我让家长们不怎么开心，他们喜欢把子女看成小天才。我的主要目的是让大家关注一个理性而基本的教育观点：孩子最好是慢慢成熟起来，而不是一下子跳过几个阶段，否则总有一天会尝到苦果。虽然要培养孩子的好奇心，但是我认为，不停地回答他的每个问题，同样是有害的。“什么时候做什么事情”是首要原则。如果孩子忧虑死亡问题，更合理的方式是用“讲故事”来回答他，而不是激发孩子的哲学理解力。同样地，要懂得等待，接受孩子一步步地成长，不要期望他一下子迈入大人的生活或者像大人一样思考，总而言之，尊重孩子的成长。

至于“超常智能”理论，我必须承认，在我的诊所里有关学习积极性问题的诊疗案卷当中，有半数的解释可以归结为“超智”儿童。或者这是天才的一代，或者测试已经过时，或者传统心理学理论（“厌倦”代表“智能超常”）是毫无道理的。

“我的女儿很孤独”

我8岁的女儿没有朋友。虽然她个性比较强，但是大人们觉得她友好又开朗。她喜欢取悦于大人。然而，在学校里她总是跟朋友处不长久，朋友最终都抛弃了她。女孩子们和老师们都不知道为什么，当她要求一起玩时，别人都拒绝她。她因此很不开心，我希望能帮助她。

这位妈妈确实应该担心。在表面的成熟之下，这个小姑娘身上或许存在对未来而言非常关键的障碍：社会性的缺乏。

小孩子是不讲情面的，有的小孩喜欢把某个孩子排斥在他们的交往和游戏之外。我常常建议大人介入他们的关系当中，不能任由他们自我掌控。对于这样个性较强、跟大人关系好的女孩儿，要想一想问题是不是就出在这里。当儿童被大人的圈子接纳以后，可能产生两种机能障碍：首先是某种形式的早熟，导致他与同龄孩子的世界脱节，并且他无法理解这个世界了；其次是某种过度赞扬，导致别的孩子视他为“小皇帝”。这个“孤独”的女孩儿是不是家里的“女皇”？这可能就是她无法融入同龄孩子当中的原因。按照此种假设，她需要减少跟大人的对话，减少参与大人的娱乐。进行符合年龄的活动，于她是有益的！

在本章的结尾，我不禁要引用卢梭在《爱弥儿》一书中的话：“大自然希望儿童在成人以前就要像儿童的样子。如果我们打乱了这个次序，我们就会造成一些早熟的果实，它们长得既不丰满也不甜美，而且很快就会腐烂：我们将造成一些年纪轻轻的博士和老态龙钟的儿童。”[1]

---

1 [法]卢梭：《爱弥儿：论教育》，李平沤译，北京：商务印书馆1996年版。——译者注

“压力”之下的反应

孩子……	你认为……	你感到……	你的做法……
表现得像个大人	真的是超出了他的年龄	自豪	可能造成他“虚假的成熟”
长得漂亮	这是他人生当中的一张王牌	对他的未来充满信心	可能忽略他遭到的排斥
学习很棒	这表明他服从管教	满意	可能认为他会一直如此
具有体育才能	这是他的“天生”才能	庆幸有这样的孩子	让他轻松地发展，忽视他的技能锻炼

有了孩子之后，我们常常把期望当作现实。我们喜欢见他像大人一样讲话做事，但是我们的想法和期望会逐渐变得“专横霸道”：“我的孩子在这个年龄就应该这样说、这样做！”我们远离了孩子的实际情况，我们要求他像我们期望的那样做。若是这样，结果将事与愿违：把孩子当成大人，最终导致孩子变得不成熟。

理智的做法

孩子……	你认为……	你感到……	你的做法……
表现得像个大人	孩子不应该一下子长成大人	有点儿担心	减弱他不想做小孩的渴望
长得漂亮	孩子应该学会“任何事情都有反面”的道理	对现实保持清醒	告诉他，有人会爱慕，也有人会嫉妒
学习很棒	这很好，但是学校的要求不会总是容易达到	有点儿担忧（学校的趣味性减少后，他会遇到困难）	保持警惕：区分哪些是他的能力所能达到的，哪些是他通过努力获得的
具有体育才能	他很幸运有这么一项“天赋”	“不失理性”的满意	鼓励他付出更多努力，把握自己的才华

跟自己的想法进行“辩论”很不容易做到。因为这是一种“苏格拉底式的辩论”，也就是当我们对孩子的需求、期待和要求脱离实际时，我们有能力进行质疑。在上面的例子中，对现实的学习取代了对孩子更加成熟的期望。我们不再过度夸赞孩子，而是提醒他，知识、进步、成功不仅来自天生的才华，更来自后天的努力。

6

切勿过度激励孩子

不要给孩子太多刺激

近年来，在低迷的经济形势的压力下，我们尽量为孩子的未来创造更多机会。我们想给他们提供未来成功的一切手段。我见过很多家长，他们在孩子很小的时候就开始激励他们，甚至是非常过分的激励。父母确实有着传递和开启儿童教育的使命，但是凡事不能过分。比如说，我见过一个3岁的儿童表现出一种非常成熟的语言能力，却不能跟他人交流。还有一个略大些的孩子，会跟大人交流很多话题，但已经不会做游戏了。我曾经目睹小学阶段的所谓“课后”活动的热闹景象，到最后，参加活动的儿童对一切都兴趣索然，他们都在这种“过度激励”的环境下变得不知所措。由于要进行多种（个人或集体的）体育活动，以及很快转换活动内容（从绘画到杂耍，从这种乐器到那种乐器），这些孩子精力无法集中，他们什么都做不好，总是无法满意。如果不能让孩子只进行一种创造性活动或体育锻炼，我认为过多的刺激是有害的。精力分散不仅可能造成孩子过于亢奋，也可能造成孩子虚假的“成熟”。

还有的孩子在智力上受到的“过度刺激”同样让我感到不安。他们身上可能产生一种鹦鹉学舌般的能力，倾向于不断重复他们并不真正理解的东西，一种与学校要求不相适应的虚假的成熟。事实上，我多次目睹这些孩子拒绝过于呆板的传统学校教育。如果他们在家里的每次抱怨都能得到认同，他们怎能认真去学习枯燥的拼写法？一方面，只知顺从孩子的家长不去辩驳孩子的说法；另一方面，教师强迫孩子学习“烦琐内容”。如果在家里谈的都是哲学和社会政治这些话题，孩子怎能听到历史故事呢？这并不是说要把孩子一直排斥在大人的谈话内容之外，但是当老师想让孩子了解重要历史事件时，孩子很可能只对时事新闻感兴趣。我提醒家长们警惕那些不断提及孩子“超常智能”的心理诊断报告，因为孩子可能只是受到智力方面的“过度刺激”。

关于早熟儿童

我非常清楚，用寥寥几句话来谈早熟问题，会显得过于草率。首先要明确早熟的定义，不能否认真正的儿童早熟障碍，过于成熟导致儿童无法适应学校：儿童因为学习太简单、感情太成熟而觉得格格不入。这些孩子一方面需要学习更复杂的内容（跳级），另一方面需要跟年龄更大、成熟度相当的孩子一起生活。我所说的不是自闭症儿童（亚斯伯格症候群），那些儿童拥有一种天才式的操作机能，却无法融入现实中的任何人群。我要讨论的，是一种到处可见的心理学“成见”：如果某个儿童“表现不好”（在其真实能力和学习成绩之间存在差距），那是因为他存在智力早熟。

很多孩子被过时的无意义的智商测试诊断为早熟。然而让这些孩子接受福伊尔施泰因（R. Feuerstein）的LDAD（学习潜力评价体系）测试时，他们却失败了。这一学习过程测试并不涉及任何“元认知”（对思维的思维），只揭示受测者的“认知冲动”。事实上，这项测试需要快速观察受测儿童，无法准确无误地获取数据，没时间考虑信息的恰当标准。他们的操作机能参差不齐，只有存在学习兴趣时才充分展现自己，而一旦碰到“认知冲突”，心态失衡，他们就不知所措了，他们拒绝适应，失去积极性，从而测试失败。

同样是这批被诊断为早熟的孩子，他们在情商方面出现功能障碍：他们不会动脑筋来更好地接受现实的制约，或者更好地沟通和理解他人。他们反而往往是最不能忍受挫折的人。一旦现实环境不利，他们就会表现出过激情绪；谁让他们想起不利的现实（同辈、父母、老师以及其他大人），他们就跟谁发生冲突。

所有这些都是早熟的迹象吗？非也。真正的早熟通常表现为与明显的情绪成熟相应的巨大智力潜力，均衡发展具有决定性作用，而不是发展失衡。

“她早熟吗？”

路易丝今年5岁，她的想法不像这个年龄的孩子，让我感到吃惊。去年有一次在森林里散步，她问我：“因为所有事情都会结束，这个世界也会结束吗？”然后又问：“妈妈和宝宝谁是第一个出现在地球上的？”她还跟我说：“想在太阳王（路易十四）统治时期当个公主，但要出生够早，死在法国大革命爆发前，不用掉脑袋。”她在学校学习不错，但就她的年龄而言，也没有特别超前。对周遭世界的感悟，她显得特别敏感。让别人都哈哈大笑的表演，她却能看哭了。您怎么看呢？

这位妈妈对女儿的“成熟”想法非常吃惊，她的吃惊很正常，女儿的想法的确超前于她的年龄，她提出了大人才会思考的问题。我怀疑这位妈妈想咨询有关早熟诊断的事情。

对早熟诊断要保持警惕，我接诊的大多数孩子被人打上了这样的标签，但是他们往往不过是在家里受到“过度激励”和“过度夸赞”。小路易丝异常敏感，如果接触到对她这个年龄来说太难的问题，如人类的起源、“终结性”等，出现这种感觉是合情合理的。这些哲学问题塞满了她的小脑袋，而实际上她需要的是不那么灰暗的现实世界。我建议，在这种情况下，不要强化她的精神诉求，试着让她重新发现孩子的对话和游戏。让我们重温哲学家让－雅克·卢梭的哲学思想，他告诫我们要警惕“学识渊博的孩童长大成为幼稚的博士”。

我绝不是排斥一切真正的“超常智能”，我想做的首先是强调必须重新寻找某种“常理”：父母担心孩子提出不合年龄的问题，担心孩子过度敏感，这些都是合情合理的。很多孩子情绪焦虑，噩梦不断。有时候，这些孩子不停地问父母各种问题，因为他们不懂得如何应对无法理解的现实。永远不要忘记，一个5岁的孩子（即使他能够重复、模仿大人的某些想法）不可能拥有冷静观察、推测和对比的能力。他的大脑仍不具有整合信息所需的综合能力，这也是过度激励的危害所在。

“她不够完美！”

我有三个孩子：皮埃尔（17岁）、玛丽（14岁）和朱莉（11岁）。大儿子上高中理科三年级，玛丽上初中四年级，最小的上初一。我担心的是玛丽。她学习非常认真，但是遇到了一点儿困难。初三年级的期末考试她还考了15.5分（总分20）的平均成绩。问题在于我很难接受她不够好的成绩，虽然我知道她已经很努力了。我是做老师的，对三个子女要求很高。假期的时候，大家坐下来平心静气地谈了谈，我决心要改变，但是新学年一开始，我就做不到了。我知道女儿很难做到，但我就是改变不了自己的想法。我来请求您的帮助。告诉我您是不是见过类似的事情，为女儿着想，我该怎么解开心结？

这位妈妈对女儿期望很高。多少年来我一直呼吁孩子要在学校付出最大努力，不要因一点点付出而满足。关注那些具有一定挫折忍耐力的孩子，为此我们大人要保持警惕，提出要求。这些孩子的行为非常特殊：在家不接受任何制约，与一切权威不断发生冲突，没完没了地看电视，永远不满足。然而玛丽似乎不是这样的孩子，因为她克服困难，取得了相当不错的成绩。因此，这位妈妈的想法是有道理的，问题很可能出在她对孩子们的学习成绩过于不理智的期待上面。有些父母要求孩子取得完美成绩，与此如出一辙。她需要找出担心孩子学业失败的深层原因。为什么人们觉得自己的孩子不能失败？培养完美无缺的孩子的使命感是从哪里来的？为什么把孩子的学习成绩和父母——尤其是母亲——的职责混为一谈？按照这样的蓝图教育孩子，很可能事与愿违：孩子会变得脆弱、消极，甚至厌学和产生挫败感。

在第3章我们谈到，我们很难不把自己小时候经历过的焦虑和困难投射到孩子身上。因此，当我们对学习成绩有很高期待时，学习的困难被夸大了，我们只能得到相反的结果：一种过度激励仍然表现为父母的期待与孩子的真实能力之间的差距。最好听听老师怎么说，看看我们的要求是不是跟孩子的潜力相符。要从平常接触他的大人那里获取信息来评估我们是不是激励了他的某种才能，还是用过多的刺激把它抵消了。无论在课堂上还是课后，无论是体育活动还是创造性活动，孩子都应该找到他的兴趣点，在这些方面他真正感到独特而且富有才华。过度激励只能适得其反：孩子将迷失自我，他的真实性继而被忽视，逐步产生一个荒谬的自我形象。

等他再大一点儿，他将面临一个不可避免的问题：“你想做什么工作？”从很多被过度激励的孩子那里，我们只能听到一个含糊其词的回答，其共同点是“挣钱”，或者是意味深长的唉声叹气，这说明他根本没有什么短期的计划或长远的想法。被过度激励的孩子是没有希望的。他们不懂得表达自己喜欢什么、热爱什么，他们不认识自己。他们的父母曾经以为他们的个性得到全面发展，各种活动都尝试过，但是最终所有人都失败了。

这些父母没有意识到，一个孩子天生步调跟别人不同，适合短期学校教育或职业教育，而另一个孩子并不比这个孩子更擅长数学或科学。他们不明白，一个艺术苗子无法适应未来的法律学习，而一个商业天才在朝九晚五的生活中是无法一展所长的。关于职业发展方向的问题，我建议家长们阅读我的第一本书《可以做得更好》[1]里面关于“兴趣点”的章节。

我要重申，回归理性，发展孩子的独特性，不追求面面俱到，这才是明智的。

1《可以做得更好——重新推动孩子的学习》(*Peut mieux faire,Remotiver son enfant à l'école*)，巴黎：Odile Jacob出版社，2003年。

“压力”之下的反应

孩子……	你认为……	你感到……	你的做法……
要求做更多游戏	他在享受生活，家长应该尽量满足他的要求	有点儿焦虑	可能无意中导致他过度活跃
想跟大人分享一切	他好奇心很强，想快快长大	为拥有一个如此成熟的孩子感到自豪	将一直把他看成大人，忘记他还是个孩子
对学校课程感到厌倦	学习内容对他来说不够丰富	对老师感到不满	将过度激励他，把孩子培养成虚假的“超智儿童”
提出各种问题	孩子应该得到所有这些问题的答案	对他的好奇心感到高兴	导致他脱离儿童世界，可能让他为成人的问题而焦虑

必须牢记：根据我对孩子行为的看法，我将受到恰当或不恰当的情绪的影响。如果我认为有必要一直夸奖他，发展他的自我，我可能产生一种“家长焦虑”：我是不是给了他所有需要的东西？我还可能对现实（和他人）感到不满，因

为它无法回应孩子的诉求。

理智的做法

孩子……	你认为……	你感到……	你的做法……
要求做更多游戏	孩子有时候玩起来没够，大人要阻止他	因不能事事答应他而有点儿失望	不去过度激励他，让他自己厌倦
想跟大人分享一切	他很难像大人那样自由自在	对他无止境的要求感到恼火	坚持自己的立场：孩子不能分享大人世界的一切
对学校课程感到厌倦	他可能在家里感受到过多激励	看到他诋毁学校，感到有点儿担心	跟他一起探讨烦人的事情："让人失望"的学业
提出各种问题	这很正常，但不能什么都问	因不能回应他的所有期待而感到有点儿失望	告诉他，有时候孩子不能知道所有事情，这就是他的现实

如果换一种角度思考孩子的行为，我们就能重新发现教育常理。应该这样思考："是否应该对我的孩子有求必应？""不停地夸奖他，他能否体会到他人的感受、他人的实际？""我是不是正在给他展现一个不存在的现实？"

7

不要过度保护孩子

要懂得怎样让孩子有责任心

世事艰难，父母希望尽量让孩子免遭辛劳，这是人之常情。当前的危机更强化了这种自然而然的保护态度。然而，要小心过度保护。“过度”会夸大现实世界的复杂性，降低孩子的自我评价，令他怀疑自己独自生活的能力，因为他总是在别人的帮助下生存的。过度保护会降低孩子的自信心，加强他陷入生活坎坷时束手无策的无力感。再者，如果父母把一切困难及错误都归结为环境造成的，被过度保护的儿童可能产生外在“控制点”（locus of control），即把责任推卸给外在力量。如果孩子受到的教育认为不公来自外部世界和他人，那么他们会拒绝承认有时候生活的不幸是自己造成的。

拒绝过度保护孩子，就是告诉他，他来到这个世界不只是“受害者”。这种信念是深深嵌入所谓经典心理学当中的：

孩子是脆弱的，只能被生活的曲折伤害。创伤当然是有害的，这不言而喻。然而不能忘记，最具有适应能力的正是经历过很多坎坷的人！这绝不是要把孩子放在火上烤，让他变得坚强起来，而是要回归理性：让他度过一个受呵护的安全的童年，同时也经历一些现实的风雨。

在第一个案例中，我们看到所有父母的第一反应：保护自己的孩子。

“他被排斥了”

我8岁的儿子参加了一个进行集体运动的儿童团体，这个团体已经运行了一年。我发现儿子受到排斥，洗澡时被欺负（往他眼睛里抹洗发液，还嘲笑他）。到现在为止，他还是很高兴地去训练，但是我担心这样的举动会让他感到厌恶。他很少提及这些麻烦，我担心如果我插手的话会让事情进一步恶化。我不知道该怎么办。

这是一个典型的孩子应当得到保护的情景。这位妈妈的担心很有道理，但是不能夸大孩子从不太友好的伙伴那里受到的委屈，同时也不能不阻止这些行为，因为长此以往，这些傻里傻气的行为会变成真正的骚扰。

让小孩子“举报”他们受到的欺负并不是一件容易事。

很不幸，确实有些孩子不自觉地成为“儿童破坏者”：虽然这不是他们的责任，但是有些缺少教养的“小皇帝”喜欢拿别的孩子当出气筒。他们体会不到他人的感受，不懂得尊重别人。我建议，把这些行为告诉监护人，如果后者回应“让小孩子自己解决”，那么就运用我主张的另一理论：我接诊时屡见不鲜，儿童的最大不幸往往是同龄人的侵犯造成的，这种侵犯远远超过成年人施加的伤害。在这一点上，请勿脱离现实：儿童世界也有“坏人”，需要我们父母进行教导，哪怕不宜夸大这一现实。当然，不能过早地给某些孩子贴标签：任何人都有改正和进步的机会。但是不能罔顾现实：有朝一日因教育的局限，缺少教养的孩子可能成为“小皇帝”或者破坏者，他们为了寻开心，毫不犹豫地欺凌别的孩子。

现实生活当中，应当怎么处理这种状况呢？

首先确认情况属实，要求负责监护的成年人找出“欺负人的小孩”。

接下来要增强孩子的自信心，告诉他，“不是所有人都是善良的，不是所有人都是客客气气的”，他应该变得更强势一点儿，不能受人欺负。如果他性格过于敏感，对社会交往中不可避免的冲突准备不足，那么在他上学之后，应采取两种态度：其一是保护他，不去抹杀或贬低孩子的敏感个性；其二是鼓励孩子直面困难处境，这样做有可能导致他把自己局限在逃避行为里面。通常而言，社会恐惧症之所以产生，不仅由于当事儿童经历过创伤事件，也缘于父母的过度保护。过度保护造成幼儿“对现实的否认”。提防别人，同时不惧针锋相对，这才是应有的态度。

“他的外祖母刚刚过世……”

我是一位母亲，我的儿子诺埃今年6岁，他睡眠一直不好，自从他外祖母长期生病并去世后情况更加糟糕了……他一晚上哭醒好几次，只有在我怀里才能平静下来。诺埃跟外祖母关系很好，我丈夫和我试图用简单的词跟他解释发生了什么事（外祖母去天堂了……），但是毫无效果。应该找医生吗？

对任何人而言，亲人去世都是人生当中的一次重大打击。作为成年人，我们明白：死亡需要长时间的哀悼，当6岁的孩子失去祖父母后，确实有必要担心他身上存在潜在的后遗症。

在这段时间，当孩子噩梦缠身时，给孩子一切他需要的安全感是非常重要的。他也在进行自己的“哀悼”，大人需要这样做：跟他谈谈外祖母，谈谈他们一起度过的快乐时光，看看视频和照片。如果你有宗教信仰，可以轻松地谈论“另一个世界”，孩子喜欢“超自然”。如果你不信教，那就告诉孩子，可以把爱的人珍藏在思念当中，也就是“把外祖母藏在心里”……如果几个星期后孩子没有好转，看起来仍然灰心丧气，那就应该求助于心理医生，在其协助下帮孩子和自己度过人生当中这个困难但真实的阶段。

然而，我建议不要急着去找儿童心理专家。悲伤是人生的真实体验，孩子很难理解亲人的去世，但是避免他感受这种体验也可能是有害的。只要不是突然地告诉他噩耗，跟他谈谈亲人不在人世的事情似乎是完全正常的。急着求助专家让孩子好过一些，这并不是个好办法。这样做可能让孩子认为，人生当中的悲伤、艰难和痛苦时刻都会稀里糊涂地迅速地成为过去。出于理智应采取中庸的办法：可以委婉地告诉孩子事实真相，如果时间不能解决问题，反而加深了孩子的负面感受，再去寻求外部力量的帮助。

“我儿子精神紧张”

我是一位妈妈，有两个女儿，分别是4岁和9岁。做了四年家庭主妇之后，我在3月份找了一份兼职工作。从那时候起，我12岁的大儿子就像变了个人。他极其紧张敏感。在上次的假期期间，他显得很疲倦，总是眼泪汪汪的，拒绝跟家人一起散步。在游乐中心，他独自待着，什么都不想做。我很担心，因为他变得非常敏感。任何小事都让他感到紧张。怎样才能让他重新感觉舒服起来？

对于一位妈妈来说，重新投入工作意味着给孩子们一个完全不同的生活环境。待在家里的时间减少了，照顾孩子的时间减少了，这让妈妈心里愧疚。我不在的话他们过得好吗？一旦孩子表现出某种行为上的不安，就认为他将出现心理问题。

这个孩子面临一场小小的依赖性危机。妈妈刚刚重新就业，她显然不像以前那样随叫随到。儿童向来很难接受新的生活节奏，但这种情况不会持续很久。他们会适应现实，很快养成新的习惯。因此，不要心怀愧疚，也不要过多补偿你不在家的时间。孩子们应该明白，他们曾经拥有的那个“妈妈照顾”的世界不会一直持续下去，他们必须长大。然而在这个过渡阶段，他们可能感到不自在，觉得灰心丧气，像我经常说的，这是接受现实原则的一个必经阶段。

我在此重申，必须让孩子接受挫折感。对某些孩子来说，离开安逸享乐、面对现实是非常艰难的。这位母亲的大儿子尽管年龄最大，但他可能对母亲重返工作岗位感到难过，因为他得到的保护少了。要走向独立，这个阶段不可或缺：孩子怎样接受不再生活在父母庇护之下的现实？不要把他们丢在一种虚假和危险的独立当中，必须让孩子逐渐适应离开父母的生活。对有些孩子来说，这个过程免不了痛苦，因此，他们将表现出伤心，做出一些令人不安的举动。在这种时候，父母仍要保持理智：对现实感到难以接受的孩子，并不是陷入抑郁状态，也不是表现厌世情绪。他们通常感到沮丧，这表明他们不喜欢这个新的现实，但并不是完全拒绝现实。面对孩子的沮丧情绪，父母唯有告诉他们，现实不会总是带来快乐、安慰，它不仅仅是享乐。

“怎样让我的女儿为搬家做好准备？”

我对将来的搬家犹豫不决。3岁的女儿突然跟她的第一个保姆分开了。在我们找到新保姆之前，她在祖母家待了两个月。六个月后，她才适应新保姆，能开口讲话，可以离开她的娃娃。现在我们要再次搬家了。怎样让她准备好迎接新的变化、新的房子、新的保姆和学校？

无论对大人还是对孩子来说，分离都是令人难过的。这种不安是正常的，应该告知孩子，同时注意不要夸大事实，凭空想象搬家会导致孩子情绪低沉。有些心理学家声称，离开旧居、改变习惯和地域让人感到焦虑和崩溃。的确应该谈一谈改变和感觉痛苦的事情，然而仍然要保持实际和理性。在经济不景气时期，很多儿童经常搬家。这种现象在美国司空见惯，移民家庭都是这么过来的，儿童从未因为家庭经常迁徙而产生心理障碍。恰恰相反，有些“中断”迫使孩子主动适应新现实，有人认为这样会让孩子更具适应力。我的建议是，告知孩子，避免夸大事实。

有人认为，让孩子接受这些生活中的变化是非常困难的。这种看法还停留在旧时代，过去家长把孩子视为纯粹的物件儿，可以随意压制。“孩子要跟随家长！”在过去人们这样认为。一定要为孩子准备迎接“中断”，沟通是必要的，而且让他感到安心。然而我要重申，父母过多的关爱和庇护可能导致事与愿违，令孩子更加脆弱。现实必须去小心适应，对现实原则的习得是孩子必须面对的。相反，过度保护孩子，避免他经历负面感受，会强化他的有害的想法：生活会有困难，但爸妈会解决的。适应能力恰恰是对生活挫折的接受和应对。

“压力”之下的反应

孩子……	你认为……	你感到……	你的做法……
在学校被别人打了	他受到“坏人”欺负	愤怒	可能在没弄清冲突原因的情况下批评“冒犯者”
在困难面前却步	有些事对孩子来说太难了	有些焦虑	建议他做更容易的事情
不到饭点就想吃东西	这个年龄的孩子饿肚子简直是受罪	焦虑	破坏原则，给他吃零食
跟兄弟姐妹吵架	大孩子应该让着“小的”	愤怒	批评大的孩子，却不清楚到底发生了什么

若是我觉得现实原则对孩子来说过于艰难和令人失望，我将把他关在一个没有烦恼、制约和矛盾的虚幻世界。我将告诉他，他从来都是有道理的，用不着怀疑自己。慢慢地我让他失去责任感，他对现实世界的看法将越来越荒谬。

理智的做法

孩子……	你认为……	你感到……	你的做法……
在学校被别人打了	最好弄清楚冲突是如何发生的	对孩子之间的争执感到不快	调查之后做决定
在困难面前却步	对挫折的忍耐力不是天生的	有点儿同情他	安慰他，鼓励他做出努力
不到饭点就想吃东西	让小孩子等饭点是挺困难的	有点儿焦急	坚持正常餐点，避免他养成坏习惯
跟兄弟姐妹吵架	孩子自己无法解决他们之间的问题	恼怒	谈一谈这件事，了解冲突的真实原因和潜在影响

如果我认为孩子难以接受现实的制约，当他直面逆境时，我不会感到焦虑，而是认为这是他长大成人的必经阶段。我会让他负起责任，告诉他我们经历的事情有时候是我们自己的责任，有时候是环境和他人的责任。他会逐渐接受理性的生活哲理。

8

要“对抗”孩子

挫折的价值

这事儿发生在四十年前……

当时我在管教中心工作，这个机构接收那些屡教不改的青少年轻罪犯。他们都寄宿在中心，但是有几个年轻人可以回家过周末。他们在晚饭前吵吵嚷嚷地返回管教中心。他们的要求一成不变：“我现在要吃饭！”他们肚子饿了。

在我所在的管教工作小组里，有意见对立的两派。一派认为他们立即开饭的要求存在某种意义：迫不及待地要填饱肚子，反映出这些年轻人身上的一种存在性“欠缺”，他们显然在家里过得不愉快，想用这种疾如闪电的迫切要求填补情感缺失。食欲代表“欠缺”，也就是周末未能得到父母关爱，因此要填补这个缺口。包括我在内的另一派主张，不能屈服于“暂时满足的需求”，因为食欲更多代表着“我饿了，我就要吃饭”，而不是某种潜在需求。

从那个时候起，我开始观察和研究享乐原则的加剧化和

“小皇帝”的功能障碍之间的微妙关系。这些“无法忍受挫折”的孩子面对食物的态度，让我想起当年的青少年轻罪犯：他们不是按时吃饭，而是想吃就吃，因为他们的要求必须马上得到满足。食物提供的快乐迅速导致成瘾式的恶性循环：“欠缺”导致负面的焦急、愤怒和抑郁情绪，进食才能平复这些情绪，过度消费导致的恶性循环就是这样产生的。

有些儿童的过度进食（英语当中的overeating）和肥胖症无法仅仅以经典的填补情感缺失理论来解释。经过考虑，教育缺失对孩子的影响和在其他很多领域一样，父母的态度应当是“使之受挫”：坚持按时开饭，告诉孩子他可以等待，延迟满足迫不及待的需求。这就是“对抗”的态度：如果孩子的要求不现实，父母应当毫不犹豫地说“不”。我要说的是，这并不容易做到，但只有这样才能打破时时膨胀的“无法无天”，因为孩子天生想要现实屈从于自己的欲望。

事前权威就是大人的一种能力：介入并阻止孩子及时行

乐的非理性要求。不要因为孩子在超市货架上看到并且想要某件玩具，就买给他。不要在孩子必要的生活节奏上让步：坚持午休时间，要求他参加体育活动，每天规定他参与家务劳动。

“父母的对抗”，正是这种懂得提前让孩子受挫的态度，从而避免通常以怒不可遏的方式介入、制止（为时已晚）不适当的行为。我们应牢记某些行为的升级效果：如果孩子从未受到拒绝，他的离谱要求和行为从未受到限制，那么他将轻轻松松地得寸进尺。他在追求享乐原则的过程中，会逾越所有阶段：饭来张口，衣来伸手，整天想做什么就做什么，等到大人终于忍不住说出一个“不”字，他就能打滚儿打到大街上！

事前权威就是这种能力：知道孩子什么时候企图从周围立即得到一切。对孩子的教育要尽早开始，并且贯穿整个日常生活。

“他晚上不安稳睡觉！”

我儿子3岁了，他吃母乳到13个月大，从1岁开始才能安稳睡觉。没过多久，他就不想吃任何东西了，只想喝奶，不管什么时候都要喝。我早上给他一瓶奶，晚上给他一瓶奶，如果中午没吃东西，下午再给他一瓶奶。他发脾气，每天都变换口味，吓唬他也没有用。他还不想睡觉，有时候吵吵闹闹到午夜。丈夫和我都累坏了，没有了自己的生活。白天的时候，他两分钟喊我一次，我陪他做了很多事情。您能帮帮我吗？我该怎么办？

这位年轻妈妈的例子非常典型，由于答应孩子的一切要求，她把自己弄得筋疲力尽，结果却陷入困境：孩子得到了一切，却从未心满意足。

给予儿子过多，她或许降低了他的挫折忍耐力。因为根据我的理论，大人越是刺激孩子的享乐，孩子越是倾向于拒绝限制、生活规律和挫折。所有家长都希望为孩子的幸福竭尽所能，但是他们不知不觉中落入我所说的“五个过度”：过度激励、过度消费、过度夸奖、过度保护和过度沟通。因此，孩子只能生活在一个“开心”(fun)的世界里，从来没有“欠缺”，不知道什么是“没有”。现实世界变成了“旅游俱乐部”。你可以恢复事前权威(让孩子受挫)，从而让孩子明白他并不是世界的中心。如果他只要喝奶而拒绝吃饭，你要坚持立场（讨价还价的是他而不是你），他需要重新学习理解和接受现实：他不再是婴儿，这让他感到沮丧，但这全是现实。

当然我要重申，教育孩子不能生硬，不能拒绝给予孩子一切甜头或者拒绝跟孩子分享快乐：游戏、亲密、小小的嬉闹……要跟孩子谈话，用亲切温和的口吻告诉他生活是什么，而不是生硬地将所谓现实原则强加给他。然而你已经明白，不能不断地回应孩子的要求，克里斯蒂亚娜·奥利维耶（Christiane Olivier）把孩子称为“家里的小魔头”，真是十分准确。总的来说，危险的是孩子的出格行为，而不是对快乐和沮丧的协调学习。

“他碰到阅读障碍！”

我儿子今年8岁，上小学二年级，他遇到不少阅读困难。其实，我觉得他不够成熟。我反对他升入二年级，但是没有成功。除了数学，他在二年级的课程都很糟糕。他觉得每次做作业都是一场折磨。带他看过正音科和心理科医生，一切都正常。如此一来，我不知道该怎么帮他了。

这位妈妈正确地认为，孩子抵触学校的要求，这一表现不正常。然而儿童问题专家觉得孩子的行为没有什么不对劲的，她对此感到有点儿迷惘，这同样是自然的。

专家们认为没有什么严重的问题，这无疑是正确的意见。但是妈妈做出的判断是对的，值得认真对待：这个8岁男孩确实有点儿“不成熟”，他对学业接受起来深感困难，其中包括阅读和写字（数学往往被看成简单的游戏）。要对付这一“不成熟”的现象，有两个要领：减少游戏和对着屏幕（电视、电子游戏等）的时间，让他逐渐懂得现实不是嬉戏无度。然后，要让他逐渐养成日常习惯，能够更好地接受小挫折：规定从几点钟到几点钟是阅读时间，如果他好好合作，就能得到奖励。家长在采取这一方法的时候，最好能得到专业人士的协助，让专业人士参与制订家庭教育计划。母亲可能被孩子认为是个“拿鞭子的妈妈”，因为在这个例子当中只有妈妈提出要求。最后一个问题是：爸爸在做什么？是不是像妈妈一样管家里的事？

孩子的不成熟，不是什么创伤或遗传缺陷造成的神秘影响，通常是孩子被不断灌输的至高无上的享乐原则日积月累的结果。由于欲望得到满足——起初是轻而易举的，后来是哀求乞怜的——孩子变得越来越无法忍受生活当中的限制、禁止和要求。学校当然恰恰是享乐原则在现实面前落空的最佳场合。孩子在困难面前变得不堪一击，表现出不成熟：无法做出与年龄相符的举止。他必须补一补生活当中的某些课程，重新适应对挫折的容忍，这是将来学业所要求的必需品质。如果家长、教育者等面对孩子时能够表现一致，那他们将对孩子有非常巨大的帮助。

“她总是反对！”

我们有两个女儿。我丈夫是个专心且严厉的父亲。问题出在我3岁的大女儿身上，她正处在逆反期，非常喜欢挑衅她的父亲。她常常拒绝爸爸喂她，固执地要我喂她。我们曾经试着营造融洽的气氛，但是丝毫不起作用。我的丈夫无计可施。这种紧张的气氛会持续很长时间吗？怎样才能解决这个问题？

在这个例子中，我们看到父亲似乎被认为过于严厉，母亲显然在寻求支持这一看法的心理学观点，希望她丈夫不要那么严厉。

最好不要多提什么逆反现象。事实上，按照某些流行的心理学理论的说法，这种现象对幼儿是有好处的。儿童通过反抗来证明自己的存在，与家长的伪权威主义进行斗争。虽然孩子自我表达、变得独立、试图违抗某些禁令是有益处的，然而也有必要不断提醒他“现实原则”：“你不是孤家寡人，你不能无休止地随心所欲，这个世界、人生和日常生活常常让人沮丧！”这个例子中的孩子面临的危机发生在就餐时：父亲是不是更多地要求女儿吃某些食物？遇到孩子特别喜欢违抗父母中的一方的情况时，需要检讨父母之间是否团结。当运用权威时，父母两人是否团结一致？如果作为权威基础的团结非常脆弱，那么表现更强硬的一方——这个例子当中的父亲——可能成为“拿鞭子的人”或者发布禁令的“恶人”（这是通常的情况，也可能是另一方）。总之，如果孩子拒绝跟父母中的一方相处（排除家长伤害孩子和胡乱发泄，万幸这是极罕见的情况），那么这可能导致父母在教育方面矛盾不断。

正如我说过的，如果教育的参与者之间不能达成一致，那么他们就无法采取对抗性的教育态度。至此，你已经明白，进行对抗教育就是父亲或母亲拒绝、限制、禁止、反对孩子的享乐。一旦这样，相对于其他更娇惯他的大人，孩子可能会不喜欢下达禁令、限制他的无法无天行为的人。我常常见到有的孩子去冒犯严厉的家长，因为他得到了其他人的纵容。所有大人都应该抱有相同的教育理念，无论是祖父母、老师还是儿童问题专家。

“压力”之下的反应

孩子……	你认为……	你感到……	你的做法……
想接电话	他喜欢扮演大人	同情他（人人都是从小时候过来的）	允许他使用其他的“大人”物品
不愿睡午觉	他精力旺盛，不需要休息	看到他精力充沛感到很满意	悄悄地取消他的空闲和休息时间
不停地问你问题	他好奇心很强，什么都想知道	自豪	可能告诉他一切，哪怕是大人的话题
坚持按照自己的想法过周末	他个性很强	自豪（“将来他可以拿主意”）	让他更多地决定怎么去玩

如果你认为他应该快点儿长大成人，不应该经历童年的挫折，你其实在鼓励他把自己当成大人。让他养成拒绝午休

的习惯，强打精神拒绝休息，纵容他看电视，满足他一切玩乐的要求，容许他打断别人讲话，不要求他参加任何家务劳动，所有这些做法会导致他习惯性地忘记作为孩子应该有的限制。最终，你让他相信，他总是能够逃避自己不喜欢的现实，也总是能够决定他想要什么。

理智的做法

孩子……	你认为……	你感到……	你的做法……
想接电话	这很正常，但是孩子不能代替大人	要阻止他，你对此略感失落	对他重申，哪些东西是他的，哪些东西是你的
不愿睡午觉	孩子都不喜欢睡午觉，但是他的生活规律里缺不了午睡	看到他总是拒绝对他有好处的事情，略感恼火	坚持按时午睡，这对孩子的休息非常重要
不停地问你问题	他想学习这很正常，但是想知道一切并不一定是成熟的表现	对于不能满足他的好奇心感到失落	继续贯彻自己的原则，到什么时候学习什么知识
坚持按照自己的想法过周末	他很强硬，但是不能损害他人	对这个“小皇帝”感到生气	提醒他，决定怎么玩的是大人，不是小孩

如果你质疑自己的某些信条：

——哪里写着孩子将来不经历矛盾冲突就能摆脱享乐原则？

——哪里写着孩子拥有父母的爱就能顺利成长？

——哪里写着孩子不经过学习就能融入社会？

……

你就能重新变得理性起来，重新发挥教育者的作用。

9

要惩罚孩子

重建良好的权威

所有教育专家都在鼓吹父母在家里重建权威，这让我深受鼓舞。大家都明白，这意味着不再把孩子置于“水平”关系当中，我们应该提出要求、发布禁令，如有必要就进行惩罚，总之就是让孩子受挫。但实际上，小孩子不可能马上改变积习，他们会对权威进行强烈对抗，要让他们愉快地服从，仅仅“亮红灯”是不够的。

恰恰相反，有的孩子企图测试我们的界限，开心地“违规”和再三犯错。家长最感到气愤的正是这一点。我们被他们不断重复的犯错和抗命消磨掉耐心，或许会带着情绪和脾气采取回应措施，从而失去合情合理的教育方式。如果父母的话孩子已经听不进去，仍然我行我素，家长的反制措施将过分起来：厉声呵斥、脱离常规的惩罚、打屁股……

历史悠久的所谓为了孩子好的打屁股传统（对稍大的孩

子是打耳光），毫无疑问在短时间内是十分有效的，但它并不是具有教育作用的措施。既然这样做称不上对孩子造成创伤（不要把它跟法律禁止的身体虐待混为一谈），我认为立法禁止打屁股并不是个好主意，反而会为某些坚决利用法律武器攻击父母的“小皇帝”提供新的武器。除了个别不正常的大人，家长当中并不存在暴力升级的真正危险。然而，打屁股是无能为力的表现，代表一种愤怒状态：“我无法通过说教和处分让孩子服从，这真让我受不了！”（弗朗索瓦丝·多尔托认为，父亲狠揍孩子一顿，为的是抵消母亲宽容教育的某些不足。[1]）

---

1 [法]让-克里索斯托姆·多尔托（Jean-Chrysostome Dolto）:《我叫卡洛斯》（*Je m'appelle Calos*），巴黎：Ramsay出版社，1996年。（让-克里索斯托姆·多尔托是弗朗索瓦丝·多尔托的儿子，他也是位有名气的歌手。——译者注）

当孩子无视我们的建议、禁令和要求时，我们不能在盛怒之下做出回应，这一点至关重要。接受“找碴儿”、违抗，并不意味着放弃，而是承认孩子面对挫折（和权威）的时候存在问题，承认我们作为父母并非一直拥有“对抗”或威严的气场。我们已经看到，“事前权威”和“对立立场”是防止孩子加深行为障碍的好办法。然而为人父母的我们，也免不了会犯错，并再三看到孩子越过我们企图建立的界限。我们对此应有心理准备，并且承认对此往往无能为力。如果能够坦然面对，我们就能够预料到孩子的某些行为障碍，并调整相应的教育策略。我们将因此不为自己的无能为力而懊恼（“我当时该怎样怎样做……”），我们将使用最后的武器：惩罚！

善于运用惩罚，有几条规则：

- 确立事前权威，避免过度夸奖、过度保护、过度激励。
- 坚持对抗，善于打消孩子迫不及待的需求。
- 善于控制情绪，免受愤怒情绪的影响。
- 避免胡乱的“心理分析”。

“15个月开始叛逆？”

我跟15个月大的儿子之间有个麻烦。他想做什么就做什么，我看到，当我对他说“不”的时候，他能够很好地理解，但他还是突然发火，故意拿头撞地。尤其是现在，他想学走路，但是如果我们不扶着他，他就不肯走。他对自己信心不足，如果试图放开他的手，他就表示拒绝，我也不再坚持了。怎么帮助他树立自信？尤其是怎么阻止他再次精神崩溃？谢谢！

这位妈妈似乎混淆了潜在的“缺乏信心”和“精神崩溃”。经典的心理学通常认为，孩子的愤怒是在表达内心深处的苦恼。

就这类请求而言，有几个值得注意的要点。

我们不能忽视孩子发脾气，英文称之为tantrum。法国很多心理学家想给这些怒气赋予一层含义，他们声称孩子不会任性发火，而是想用行动表达某种意思。恰恰相反，我认为孩子的愤怒通常与环境不合他们的意、他们的要求遭到拒绝有关，换言之就是他们不能忍受挫折。因此，当他以要挟的方式来获得或拒绝什么的时候，你要坚定立场。为了让你更加相信这一假设，我建议你观看有关tantrum的网络小视频，它们颇有教育意义。例如YouTube网站[1]的《既然无人围观，为何要发脾气？》（*Why waste a temper tantrum if nobody is around to see it?*）

至于潜在的“缺乏信心”，我们主要应通过学步的过程来观察。他的愤怒来自现实的阻碍。在这个例子以及类似的例子当中，面对孩子的拒绝，我们应该坚持己见并采取渐进的方式：“自己走路是很难，你能一点点学会……一下子学不会，这不

1 www.youtube.com/watch?V=kpsfthuv_pc.

要紧……继续……一步步来！”屈服于他的恳求，就等于告诉他当现实变得过于困难时，别人能帮他消除现实的困难。逐渐认识现实，随着一点点领会和关键的进步，将最终缓和他的怒气。爱斯基摩人认为，愤怒完全是一种“孩子的行为”。他们已经理解，发怒首先意味着拒绝所面对的生活当中的挫折。当我们要求孩子正视现实的困难，鼓励他接受逆境，他的怒火就会消退，就会感知理性的情绪——“失落感”。

如果孩子自然发脾气，家长应坚决地回应，给他安全感。低龄儿童如果激烈地发脾气，那是因为他自己吓唬自己，受到自身情绪干扰，失去自控，将做出针对自己或他人的无理甚至危险的行为。在这种情况下，如果大人的话丝毫不起作用，那么就要用惩罚的方式立即终止这一行为。迅速离开发脾气的地方，回到家里，将他暂时隔离，让他恢复平静，让他承担发脾气的后果。对孩子来说，最有效的后果是不让他玩游戏或不跟他亲密，暂时取消他期待的生活中的小开心。当然，要跟他解释我们为什么做出这些决定。

"我女儿威胁到她弟弟的生命"

我女儿有5岁半。她强迫弟弟做她明明知道危险、不能做的事情：把电线插到电源上，拿着小刀跑，在车上解开他的安全带，吃花园里找到的坚果……有时候，她等到弟弟做过蠢事后才来告诉我。我不知道该怎么惩罚她。

当我们看到兄弟姐妹之间关系紧张，甚至有攻击性举动时，我们该怎么办？关于制止危险行为，该有怎样的建议？

如果兄弟姐妹中有一个孩子存在行为障碍，我们就必须好好观察他们之间是如何相处的，以及我们平常如何对待他们的。是不是有个孩子比另一个受到更多保护，是个"宠儿"？我们是否对所有孩子施加相同的教育法则，是否对每个人一视同仁？5岁的女孩儿或许嫉妒小弟弟，不能忽视这个问题，要明确地对待孩子的嫉妒这个问题。要这样对她讲：“并不是因为你的弟弟占用我们更多时间，所以我们对你的爱没那么多了！”孩子应该被告知，父母照顾某个孩子的时间多少，与给予这个孩子的爱没有丝毫关系。还要跟她谈谈她对弟弟的“愤怒”。然后事情应该走上正轨了。最后一点十分重要，注意留出跟每个孩子单独待在一起、属于他们自己的时间。如果负面行为仍然持续，应该进行严厉的惩罚，最大限度地减少甚至完全禁止她跟弟弟在一起，避免发生任何危险。

孩子的不当行为是可以理解的，但当他越界时，必须进行惩罚。正是由于父母首要的想法是帮助孩子，因此当孩子的行为没有任何正当理由时，父母有权惩罚他。在这个例子中，当一个孩子具有攻击行为，导致兄弟姐妹或其他人处于危险境地时，父母必须坚决地介入。暂时隔离，即迫使孩子待在一个房间，不得进行任何活动或与他人接触，这一手段能有效地紧急制止不当行为。同时，让孩子承担后果来补偿过失也是合理的手段：对于5岁大的孩子，可以增加她的日常劳动（清理洗碗机、布置餐桌、整理物品）。在孩子白天有出格的行为时，作为惩罚措施，可以取消亲密时间，并向她解释为什么没有睡前故事。同时可以取消一些她日常喜欢做的事情，比如玩某些游戏、看某些电视节目等。我推荐阅读我的《父母教育手册》[1]一书，如果孩子“屡教不改”，它可以帮助你找到最合适的惩戒方式。

1《父母教育手册》(*Manuel d' éducation à l' usage des parents*)，巴黎：Odile Jacob出版社，2004年。

“孩子仰慕我丈夫！”

我6岁的儿子对他父亲充满仰慕之情，但是很不幸，跟我单独相处时，他对我缺乏尊重。他威胁要打我，把他面前的东西扔来扔去，简直是个捣蛋鬼。我们最近联系了一位社工，想瞧瞧能怎么做，但是他对我这样气势汹汹，我完全没有一点儿办法……我对他讨好也罢、吓唬也罢、冷落也罢、打屁股也罢，统统不管用：他恶狠狠地盯着我。谢谢您给我建议，因为每天晚上我都简直要崩溃。

通常，面对孩子的情绪发泄，我们和这位妈妈一样用尽浑身解数。这不管用！无力感很快变成愤怒，这无助于解决问题。然而有时候问题其实很好解决。

有一点是确定的，针锋相对很少能在孩子身上见效：

过于严厉的惩罚、父母的愤怒、打屁股，诸如此类都会导致孩子行为升级，如果他自视为“坏孩子”的话，甚至会变本加厉。首先要审视的第一个假设是教育一致性问题：父亲和母亲对孩子的态度是否同步？如果父亲是个“好好先生”，从来不拂逆孩子的意见，反而是个“旅游俱乐部”组织者（总是游戏享乐），而母亲则可能被视为“坏妈妈”“拿鞭子的妈妈”。多数时候，这会导致孩子对不够“讨好”的一方产生攻击性。如果是这种情况，要重新确立父母双方的平衡，让父亲也提要求，下禁令，让孩子受到“挫折”（在孩子吃饭、上床时间和卫生等方面提出要求）。如果在令行禁止方面，父母之间并不存在不一致的现象，我们要警惕另一个问题：注意跟孩子享受快乐时光。有的父母应该提高自己对挫折的忍耐力！对某些大人来说，不是天生就能接受跟孩子分享积极的时光，跟孩子一起游戏，一起做没有报酬的事情。

如果父母双方在教育要求上存在巨大差异，在求助于外部帮助（社工）之前，应该从提高更加宽容的一方的参与程度开始做起。当更加宽容的一方听说孩子在他不在的时候不服管教，他该怎么做？他是怎样表现对另一方的支持？孩子应该听听父亲的“金玉良言”：“我不在的时候，你应该以同样的态度对待妈妈，否则的话……”

在前面的章节里，我们看到母亲们什么都要管，起居、吃喝、情感、交际，乃至教育。现在正是时候让父亲们承担起责任，让他们明白权威不是大声呵斥或者偶尔严厉一下，而是应该与母亲们保持一致，实行两人共同决定的“家法”。如果父母双方无法协调一致，那么他们就不可能拥有权威和对孩子进行有效的惩戒。

“压力”之下的反应

孩子……	你认为……	你感到……	你的做法……
拒绝帮忙做家务	他还太小，不需要帮忙	对要求他做事感到不安	越来越少要求他做事
咬别的孩子	他做这样的坏事，是因为受到欺负	对别的孩子感到有点儿气愤	你可能谈论这件事，却忘记惩罚本该受谴责的“情绪发泄”
在商场里打滚	这个环境对孩子来说太难受了	对这个不好的环境感同身受	离开此地……孩子下次可能一切照旧
弄坏别的孩子的玩具	不必掺和所有孩子的“事情”	对这些事情简直受够了	忘记孩子应该为他做的蠢事进行补偿，孩子体会到不受惩罚的感觉

有时候，我们面对孩子的某些出格举动，有一种无力感。我们进行“合理解释”，为孩子找到好的借口：“他还太小……”“如果不是周围环境的影响……”“他长大后会懂事的……”。

就这样，我们忘记了，一切情绪发泄，无论严重与否，都应该受到与其行为一致的惩戒。这跟过分的惩罚毫无关系，后者总是在我们情绪失控时才决定使用的。这样可以告诉孩子，一个人的任何行为都会产生后果。

理智的做法

孩子……	你认为……	你感到……	你的做法……
拒绝帮忙做家务	没有孩子高兴做这些差事	对他的一再拒绝感到不快	建立一套“好的分数/坏的分数”的机制，来获得他的帮助
咬别的孩子	任何暴力都是要受到谴责的，即使我们的孩子受到别人的欺负	对孩子的行为有点儿气愤	针对他的情绪发泄，决定进行相应惩罚
在商场里打滚	这是他白天犯错误的证据	强迫他离开这个地方，对此感到失望	回到家里，把他关在自己的房间，向他表达你的不满
弄坏别的孩子的玩具	任何小错误都要立即弥补	对他破坏东西的行为感到气愤	实施“家法”：由他提供服务，重新买一件玩具

孩子并不是一个等着你给他“穿衣服”的“魔头”，但他确实很难自律，很难控制自己的冲动。有时候，要求他

补偿自己的行为，比长篇大论更有用。有的大人需要“民法”“刑法”“财政法”“交通法”……很多孩子需要赏罚得当的“家法”！

10

保持积极心态

教育方式中加入适量的积极心理学

我常常被指责在教育方面只谈“挫折”。我常常被贴上“严父”的标签，被称作“灰西装”时代[1]的仰慕者，如果不是直言不讳地称我为“老顽固”甚至“法西斯”的话。

我从未鼓吹回到所谓“优秀传统价值观”：劳动、家庭、祖国！[2] 1968年“红五月”运动时期，我参加了高中的学生运动，争取更多自由，反对当时实行的保守教育模式。作为鲍勃·迪伦（Bob Dylan）的崇拜者，我明白“时代不同了”……经历了20世纪上半叶的“黑暗”教育，注入一个新的希望是值得赞扬的：生活不仅是可悲和荒诞的，还存在自由和快乐。当时，作为一个未来的心理学专业的学生，我赞同新教育思想的先行者：反对父母的专利，支持对孩子无条件的尊重，包括

1 19~20世纪，法国小学教师上课需着灰色正装，故作者把那时称为“灰西装”时代。——译者注

2 这是第二次世界大战时期法国维希政府的口号。——译者注

他的个性、创造性和情感。但是，时代不同了……

自20世纪末起，商业社会的经济文化把追求享乐奉为圭臬，把个人主义当作基础价值观。商人们并没有兴趣把享乐主义当作长远的买卖。他们只想满足人类天性中迫不及待的享乐原则，显然儿童也在其中。我们成年人应有自知之明，我们也是受害者。我们常常被“消费—幸福”的方程式弄得头昏眼花，我们应该增强洞察力，留意自己抗拒或顺从市场经济环境的方式。然而，这并不是让我们的孩子脱离这个时代，而是要进行微调，找到消费和反消费之间的平衡。但是在这个享乐为王的“非理性”社会环境当中，遭受更多痛苦的可能是孩子。因此，尽管需要以柔性教育来打开孩子身上的传统枷锁，但是这种教育的柔性可能在不知不觉中演变为危害不浅的放任自流。最初是希望谴责过时的威权主义，培育出摆脱社会、教育和宗教羁绊的新式儿童，最终我们却目睹了“小皇帝”的诞生。

没必要回顾“小皇帝”的定义：夸大自我、漠视他人的感受，最重要的是一味追求享乐，无视和拒绝现实原则。是的，挫折不仅有助于孩子重新发现“自己”的现实：他曾经在过度夸奖和过度激励的作用下迷失自我，还有助于发现客观现实：我们生活的这个现实世界不可能总是屈从于我们的愿望。

享乐和现实之间需要平衡，我以此假设为前提展开协调教育的观点。是不是一切积极的行为都要排除在外？当然不是这样。我无数次听到，有些父母以重建家庭权威为借口，忘记跟孩子共度一切快乐满足的时光。挫折对儿童的心理构建作用甚大，生活的满足感、广泛意义上的快乐，也具有同样贡献。

在研讨会上，我每次发言结束时都表达把“爱”和“挫折”联系在一起的愿望：没有爱，挫折会变得具有毁灭性；没有挫折，爱也会变得有害。我常常主张，只有对挫折进行学习，孩子才能对当前或今后的人生逆境具有更强的忍耐力。我一再重申，这一教育必须吸收20世纪60年代末以来的积极心理学的成果：如果一个人无法发现自身的任何财富，从未经历过成功，不被别人认可，从周围得不到安全感，那么他就失去融入生活的愿望。

这就是我在给父母们的答复中努力跟他们分享的东西。父母要立场坚定，不怕变得更具对抗性，在必要的时候使用惩罚的手段，同时牢记，只有当孩子足够明白其自身价值的时候，才能采取严厉的措施。这就像某种支票簿，若是孩子的情感账户上空空如也，我们做父母的就不可能支取支票（要求、限制、批评甚至惩罚）：孩子是不是积极、满足和自信？是不是相信生活的快乐？

“盯着屏幕时间太长？”

我看了您的书，我觉得我们做的一切都是错的！我们有两个孩子，一个7岁，一个9岁，他们把很多时间花在电子游戏上。但是他们也经常有其他活动（一个打网球，一个跳舞）。我们被看成是“严厉”的家长。是不是应该完全禁止他们盯着“屏幕”？

长时间盯着“屏幕”，这个问题让很多家长感到困惑，这是有道理的。问题在于，是否应该粗暴地完全禁止，一概地不许盯着“屏幕”！事实上，近来的调查支持巴坎（J. Bakan）的警告：“屏幕”游戏的快乐和立即见效的刺激，会导致上瘾症状。玩电子游戏不受限制的儿童表现出攻击性、焦虑性行为，甚至离开屏幕就陷入抑郁。这个问题需要严肃而理智地对待：过去电视机刚刚出现的时候，也不是去指责“屏幕”，而是让电视机融入现实。

我为巴坎的书《莫把孩子当商品》[1]写了一篇序言，在文中我认为电子游戏、电视机和互联网社交网络的过度消费对儿童存在潜在威胁。如果父母对这些活动不加引导，任由孩子做决定，威胁就会成为现实。

如果“严厉”指的是制定规则并让别人遵守规则，那么，家长是应该严厉点儿。我自己就被贴上“严厉心理学家”的标签，因为我非常重视孩子享乐和学习现实挫折之间的平衡。应该这样处理：21世纪的孩子显然不可能跟“屏幕”绝缘。“屏幕”已经成为我们生活的一部分、沟通系统的一部分。让孩子远离“屏幕”，意味着切断他跟现实的某种联系。但是在孩子还小的时候，必须限制他盯着“屏幕”的时间（2~3岁的儿童每周不能超过2~3个小时），并提供其他选择，如体育、艺术、阅读等。一切都是如何掌握分寸的

---

1 [法]巴坎（J. Bakan）：《莫把孩子当商品》（*Nos enfants ne Sont Pas à vendre*），巴黎：Les Arènes出版社，2012年。

问题：完全禁止是独断专行，全盘接受是放任自流，运用理智来制定合理的规则，这才是良好的权威。

如果孩子尽力帮忙做家务、学习认真、耐心坚持更具约束性的活动，那么他当然有权享受纯粹的快乐时光。盯着“屏幕”是其中一项，享受快乐不应该被禁止，而仅仅应该受到“管控”。享受不是玩得天昏地暗，而是利用有限的时间：父母要教给孩子怎样享受快乐，而不是事前就诋毁它。很遗憾，我的教育观点被人理解为“孩子无权快乐”，被看作是一种禁欲可悲的生活观。我所期望于孩子的恰恰相反：管控他们的及时行乐，意味着给予他们更多的人生快乐。

“我一直在惩罚”

我的孩子埃尔温今年4岁。我丈夫和我在教育方面立场一致。埃尔温没有兄弟姐妹，我应该不会再怀孕了。最近一段时间，他不停地做蠢事，我们一直惩罚他。我们比他更强硬，但他既不服从，也不愿保持安静。我觉得无计可施，他反而变本加厉。我们是不是应该更加灵活，停止惩罚？

面对任何惩罚，有的孩子似乎针扎不进，水泼不进，乖张行为甚至会变本加厉。这是不是意味着父母应该放弃一切权威？

我可以理解这样的疑问。当“无计可施”时，我们有这样的感觉，作为父母，我们应该来个一百八十度的态度大转变。然而，我对这位母亲描述的情况感到非常乐观。

父母两个人心很齐，没有步调不一致或想打孩子屁股的冲动。如果孩子的生活没有出现新情况，如果他的挑衅之举只不过是小孩子的蠢事，那么就需要核实施展权威过程中的一件事：当我们板起脸来惩罚孩子时，是不是给积极的态度留下了余地？

请听我的解释：通常当孩子“越过红线”时，我们会忽视跟他分享一种积极热情的、令他心满意足的关系，而是把精力集中在他的错误上面。当父母想对孩子严厉时，不能开出空头支票：他的账户应该注入“资金”，保存孩子过去的一切积极的经历。如果孩子发脾气过头，可以取消他喜欢的游戏、把他隔离起来（但不要关在壁橱里），但不该取消森林散步或家人共享的欢乐时光。在“家法”里，最好是把因为荒唐行为而导致的惩罚和正面塑造孩子的特殊时光区分开来。还要给他一些挑战：“你感到很难入睡……如果你做出努力，你将得到一个小小的奖励！”别忘了孩子们很喜欢“好和坏的得分”这套东西。如此可以避免对孩子惩罚过度或违背惩罚的初衷，避免惩罚沦为所谓“家法”。

还有一条基本规则，有助于孩子获得真正的改变：在失败的方面，积极鼓励每一次进步；不能等到一切变得完美无缺，而应该强调每一个作为进步标志的不同行为。因此，如果孩子不喜欢吃蔬菜，他吃一口蔬菜就可以获得奖励，不必等到他吃下满满一盘蔬菜。

当我提到“家法”时，很多家长持保留意见：他们认为这是“胡萝卜加大棒”的教育方法。我认为，家长制定“家法”时要考虑是否可以产生更切实际的后果。“一部法典，说起来真吓人！”他们告诉我。我同意，把对孩子的教育编制成“法典”，这样做确实让人感到不怎么舒服。但是有的孩子需要规章制度的约束，也需要知道违反制度的成本和后果。好言好语不一定总是管用，多余的解释软弱无力。就像有些大人，受到“交通法”“民法”或“刑法”的惩罚才能良心发现一样。

“我们感到幸福”

我说的话可能让您感到愚蠢可笑！我们现在是幸福的一家：我们有四个孩子，12岁的双胞胎女儿，还有个9岁的女儿和5岁的男孩。我是全职主妇，丈夫虽然工作，但是很顾家。我们从来没有碰到您在书里写的那种孩子，虽然我们周围也有些那样的孩子。我们觉得已经实行了理智的教育。但是我现在产生怀疑：表面的幸福会不会隐藏着其他东西？孩子们或许温顺听话……但不管怎样，我丈夫和我拥有他们真的很幸福，我们今后仍然会告诉他们，拥有他们是天赐的礼物。因为我们一直在谈论生活的快乐和人生中的积极方面，我们感到幸福。但是这样的状态正常吗？

事实上，幸福会让人产生疑惑。当目睹孩子没有任何问题时，我们担心发生不好的事情，对一切正常感到吃惊。

然而，令人感到幸福的孩子的确存在。不存在问题的孩子也并不鲜见。小心那些对此看法相反的心理学家：没有表现出任何问题的孩子是将来的神经官能症患者。非也，拥有一个幸福的家庭是可能的。大人热爱生活，孩子也会受到感染。他们很高兴地得知，现实也可以蕴藏着幸福。展现“享乐主义”的生活哲学、相信人类的未来，传递这些价值观使孩子在充实的人道主义环境下成长起来。因此，我们不要害怕做真正的自己，做出正确选择，用理智的方式做事，因为就像这位妈妈说的，进行理智的教育，就应该这样做。

生活并不让人沮丧。即使当前的社会经济危机导致生活环境暗淡，我们这些大人也应当告诉孩子们，生活仍然是快乐的！

“压力”之下的反应

孩子……	你认为……	你感到……	你的做法……
学习阅读遇到困难	他需要别人帮助	焦虑	请别人帮助他，孩子从此知道别人会帮自己解决问题
画了一幅“漂亮的画”	他真是天才	骄傲	对这幅画真实水平的评价可能不太客观
很关心家里的宠物	帮家里的忙很正常	满意	不表达出来，导致这种积极行为“黯然失色”
打听祖父母的情况	他关心别人，这是个平常的优点	正面积极	或许不去强化这种对他人的感受

小心，不能教给孩子关于他们自身实际情况的错误看法！准备接受自我，就是明白自身个性的各个方面：优点、才能以及某些缺点。过度夸奖导致自我过度膨胀，同时，缺乏对积极行为的强化（用称赞、鼓励、奖励和认可的办法提升其行为的价值）具有同样的危害性。

理智的做法

孩子……	你认为……	你感到……	你的做法……
学习阅读遇到困难	学习阅读应循序渐进，积极看待每次进步是有益的	对于让他面对这一困难感到有些不安	让他继续阅读，每次取得进步都给他奖励
画了一幅“漂亮的画”	他擅长艺术方面，但不应该给他过多奖励	无法“过多”满足他，对此感到失落	祝贺他，鼓励他继续进步，但并不要求他尽善尽美
很关心家里的宠物	他的善良值得加分	满意	反复重申，他的举动让所有人真心赞赏
打听祖父母的情况	很少看到小孩子如此有爱心，应该强化这种举动	很高兴他不自私	分享这一快乐，针对他对别人的关心，告诉他你感到很满意

然而，孩子无法接受有优点也有缺点的自身现实，除非积极方面占优势！

在确立良好的自我评价和强大自信之前，任何人都无法正视自身的“消极面”，这不是天生的能力，仍然是父母、教育者、监护者教给他这一现实。积极的体验不可缺少，亲人对他的积极看法同样不可缺少！

最后需要说明的是，教育不像表面看起来那么难。因此，在请求儿童问题专家介入之前，父母们可以采纳本书中的一些建议，试着运用理性教育的新方法。当然，如果这种教育假说无法取得成果，还是需要“求医”的。然而请答应我，在求助专家之前坚持你自己的教育方法。

我要再次强调一条不可缺失的教育原则：爱和挫折。没有爱的挫折，是专制蛮横；没有挫折的爱，是纵容放任。

我仍然保持乐观。新的一代没有迷失。然而，如果我们父母无法抵御过度消费和个人主义社会环境的侵蚀，如果我们落入“及时行乐”原则的陷阱，我们就有可能培养出“小皇帝”，最终他们面对现实原则将不堪一击，陷入悲惨境地。寻求及时满足是一种本能，人性本来如此。放弃及时的满足，会导致破坏性的压抑，整个经典心理学都在提醒其后果。然而，一再屈从于及时行乐原则也是有害的：人不能受制于自己的冲动和所谓的“我就想怎样”。接受作为人的条件，就是坚持把欲望人性化：懂得享受的同时，能够接纳自身的现实、他人的现实和往往不利的现实环境。

运用理智来教育，将点亮你的新想法，给你新能量。你将看到，对孩子的教育可以重新成为真正的幸福、享受，当然这不总是能立即兑现的。

我相信你将一直保持“批判的精神”，这种精神是理智教育的基石，用来评估我们给你的建议和假设。安德烈·纪德不是曾经说过吗，“理智就是，无论某种情感或想法多么美好，也绝不被它们冲昏头脑，看不到其他事物。”[1]

迪迪埃·普勒

2014年5月13日

---

1 [法]安德烈·纪德（André Gide）：《日记：1926~1950》（*Journal 1926~1950*），巴黎：Gallimard出版社，“七星文库”“Bibliothèque de la Pléiade”，1997年。

知育书 第一辑

《孩子与时间》

[法]贝尔纳黛特·盖里泰-埃斯 著　林晓轩 译

孩子通过直觉、游戏、逻辑思考获得时间感，发展思维能力，并最终拥有时间管理能力和更复杂高级的心智能力。时间训练可以起到发展思维的作用，其前提是我们作为父母，了解并且帮助孩子意识到什么是时间以及如何管理时间，并遵循科学的思维结构发展学来进行训练。

《良好家教十诫》

[法]迪迪埃·普勒 著　张之简 译

面对儿童注定不成熟的行为，简单易行的十条教育理念，帮助家长回归“理性”，回归有爱的合理教育，同时清醒认识自己的情绪。

《资优儿童》

[法]让娜·西奥-法金 著　梅涛 译

资优儿童，他们就像是一群与众不同的斑马，拥有比普通孩子更多的恐惧和焦虑，我们需要专门地学习以理解他们的强大能力并帮助其获得幸福和快乐。

《如何养育有学习障碍的孩子？》

[法]让娜·西奥-法金 著　张之简 译

在有学习障碍的孩子面前，我们绞尽脑汁所使用的学习方法和教育技巧都会失灵。准确找出障碍产生的根源、影响和对症治疗的方法，给予孩子真正的帮助，使他们的校园生活充满热情和喜悦，这是我们给孩子亦是给自己的礼物。

书知育 第二辑

《母亲与儿子》

《父亲与女儿》

[法]阿兰·布拉克尼耶 著　张之简 译

女儿凝望着父亲的眼睛总是闪烁着爱意，这份最初的爱恋使女儿在期待着父亲尊重的同时，也希望父亲能成为自己的骄傲。但在翻阅父女关系的漫长旅程中，父亲始终比女儿更需要向前一步。

《母亲与女儿》

[法]阿尔多·纳乌里 著　李学梅 译

女儿由母亲脱胎而来，犹如镜像。但女儿应该是母亲的崭新化身，而非完完整整的复刻版。天性敏感的共鸣与温柔丰沛的情感，让母女的生命紧密相连，但若要女儿拥有自己独立的人格，母亲的这份爱还是应当有所节制。

《儿童自然法则》

[法]塞利娜·阿尔瓦雷斯 著　蔡宏宁 译

儿童一出生就拥有学习和爱的能力，神经科学的研究表明，孩子们能从周围世界中自然而然地汲取有助于智力发展的养分。我们应建立顺应儿童大脑发展规律的教育系统，帮助他们发展与生俱来的学习和爱的能力。